T0033357

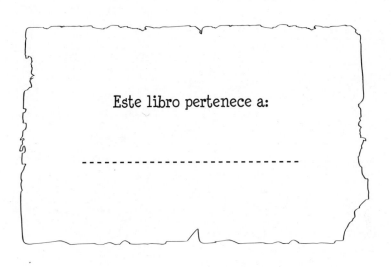

Este libro pertenece a:

Dirección editorial: Marcela Aguilar
Colaboración editorial: Alba Palavecino
Coordinación arte: Valeria Brudny
Coordinación gráfica: Leticia Lepera
Armado: Florencia Amenedo

© 2022 VR Editoras, S. A. de C. V.
www.vreditoras.com

México: Dakota 274, colonia Nápoles - C. P. 03810
Alcaldía Benito Juárez, Ciudad de México
Tel.: 55 5220-6620 • 800-543-4995
e-mail: editoras@vreditoras.com.mx

Argentina: Florida 833, piso 2, oficina 203 (C1005AAQ) Buenos Aires
Tel.: (54-11) 5352-9444
e-mail: editorial@vreditoras.com

Primera edición: noviembre de 2022

ISBN: 978-607-8828-41-8

Impreso en China • Printed in China

1.000 datos curiosos, tiernos y sorprendentes sobre PERROS y Gatos

ANÍBAL LITVIN

UN SELLO DE
VR EDITORAS

1

Según una encuesta realizada en 1.000 hogares de los Estados Unidos, en 2021, el 76 % de las personas prefiere pasar tiempo junto a su perro o gato, antes que con su pareja, amigos o familiares.

2

En líneas generales, cuanto más intenso y frecuente es el maullido de un gato, más urgente e importante es el mensaje que desea transmitir.

3

Los gatos son muy territoriales y consideran como propio el hogar donde conviven junto a su familia.

4

Un estudio de 2002, realizado por la ONG Animal Welfare Institute, concluyó que los perros se tranquilizan al escuchar música clásica y ladran más cuando suena heavy metal.

5

El mastín tibetano, también llamado dogo del Tíbet, es una raza que se remonta a los 2000 años a.C. Ayudaba en sus trabajos a los pastores nómadas del Himalaya y era el guardián tradicional de los monasterios tibetanos.

6

Se calcula que, en el mundo, hay tres gatos por cada perro.

7

Los nombres de perros más utilizados en el mundo son: Max, Charlie, Buddy, Rocky, Jack y Milo. Y, de perras: Luna, Bella, Lola, Molly, Lucy, Kira y Daisy.

8

Mitch Felderhoff, CEO de Muenster Milling, una compañía de comida para mascotas de Texas, Estados Unidos, durante 30 días solo consumió los productos que elabora su empresa. *"No alimentaremos a tu perro con algo, a menos que lo hayamos comido primero"*, dijo, y admitió que la primera semana había sido difícil, pero que, a la tercera, ya se había acostumbrado.

9

El órgano vomeronasal del perro está ubicado en su paladar y le posibilita percibir feromonas y los olores de lo que olfatea o lame. El gato también tiene uno y le permite saborear las partículas del aire; cuando vemos a un minino con la boca abierta es porque lo está usando.

10

En la mitología mexica se creía que los perros xoloitzcuintles acompañaban las almas de los difuntos cuando viajaban al Mictlán, el inframundo.

11

En la prehistoria, los humanos con mayores probabilidades
de sobrevivir eran los que poseían uno o más perros, ya
que estos los ayudaban a buscar recursos vitales,
como agua y alimentos.

12

Los gatos obesos suelen sentir dolor en las articulaciones
y, como les duelen, se mueven menos, por lo que
continúan engordando. Además, pueden tener dificultades
para acicalarse, sobre todo en la zona del dorso,
lo que puede provocarles problemas de piel.

13

Maggie, una perra callejera, recibió atención mundial tras
ser encontrada en el Líbano (Asia), ciega, sin una oreja y
con la mandíbula fracturada. Había recibido 17 disparos
y estaba embarazada cuando la rescató la organización
protectora Wild at Heart Foundation. Posteriormente, fue
adoptada por una familia del Reino Unido, donde
se convirtió en un perro de terapia y visitó hospitales y
residencias de ancianos, para ayudar a otros a curarse.

14

Tratar de que un gato obedezca con palmadas,
gritos o sonidos estrepitosos es contraproducente,
porque los percibe como una amenaza, debido a su
sensibilidad auditiva.

15

El gato es el único animal que celebra su día tres veces al año: el 20 de febrero, el 8 de agosto y el 29 de octubre.

16

Hace 30 millones de años aparecieron los primeros antepasados del lobo, cánido del que desciende el perro doméstico.

17

En 2018 apareció, en YouTube el video de un perro policía de Madrid, llamado Poncho, practicándole reanimación cardiopulmonar a una persona.

18

Uzupis es un barrio de Vilna, capital de Lituania, que, en 1998, se autoproclamó República independiente. En su Constitución estipula que *"Todos tienen derecho a amar y proteger un gato"* (art.10); *"Todos tienen derecho a cuidar de un perro hasta que uno de los dos se muera"* (art.11); *"Un perro tiene derecho a ser un perro"* (art.12) y *"Un gato no está obligado a amar a su dueño, pero lo debe ayudar en los momentos difíciles"* (art.13).

19

Los perros de raza pueden ser propensos a sufrir problemas en la piel y en los huesos, debido a la reproducción selectiva efectuada por el ser humano.

**Más del 85 % de las personas admite haber sufrido
un profundo dolor tras la muerte de su perro.**

El *Monumento al perro callejero*, en la ciudad de México,
fue creado para concientizar a la población sobre los
innumerables maltratos que sufren los millones de canes
sin hogar que viven en ese país.

Expertos de la Universidad de Lund, en Suecia, estudiaron
si los gatos extranjeros maullaban con acento y cómo
influía el lenguaje de los humanos que están con ellos.
Todo parece indicar que estos felinos utilizan distintos
dialectos en los sonidos que emiten.

Aún hoy, el tigre siberiano y el gato doméstico
comparten el 95,7 % de sus genes, pese a que se
diferenciaron hace casi 11 millones de años.

El gato calicó se caracteriza por su pelaje tricolor,
en donde predomina el blanco y, sobre ese color,
se observan manchas negras y de un tono café-anaranjado.
Existen 16 razas con esa particularidad.

25

Al nacer, los perros con vitíligo tienen todos los pigmentos normales; su color va perdiendo intensidad a medida que crecen.

26

Los gatos son capaces de arrojar objetos al suelo cuando quieren llamar la atención de sus compañeros humanos.

27

En 2021, en Estados Unidos, Bandit, un perro paralítico que había sido devuelto al refugio en cuatro ocasiones por la intensa asistencia que demandaba, fue adoptado por Sue y Darrel Rider, una pareja también imposibilitada de caminar y que depende de una silla de ruedas. Luego de un mes a prueba, Bandit se adaptó a ellos sin problemas.

28

Darle de comer a un perro otra cosa que no sea su alimento puede generarle problemas de sobrepeso, algo que, muchas veces, no es contemplado por sus dueños.

29

En el invierno, por las bajas temperaturas, los gatos callejeros se refugian en el capó de los autos. Por esta razón, hay que golpearlo antes de arrancar, para asustarlos y evitar que sufran algún daño.

30

En los hospitales de Europa y Estados Unidos, la terapia asistida con perros ha demostrado que calma el dolor y la ansiedad de los niños internados, a la vez que mejora el ánimo de sus familias.

31

Los gatos surgieron en la Tierra antes que los perros y otros animales que se han domesticado. Pero fueron uno de los últimos en adaptarse a vivir con humanos.

32

Leona Helmsley, dueña de la cadena de hoteles Helmsley y del edificio Empire State de Nueva York, murió en 2007. En su testamento le dejó 12 millones de dólares a su perro maltés, Trouble. Con posterioridad, la justicia redujo dicha suma a 2 millones, por considerarla excesiva.

33

**Cuanto mayor es el peso de un gato,
menor es su esperanza de vida.**

34

Döberman es una raza canina que debe su nombre al alemán Karl Dobermann, quien, a finales del siglo XIX, la creó para que lo protegiera en su riesgoso trabajo como recaudador de impuestos.

Un estudio de 2013, de la Universidad de Tokio,
Japón, determinó que los gatos pueden reconocer
las voces de sus dueños.

Salty, un labrador retriever, era el perro lazarillo de
Omar Rivera, un ingeniero ciego que trabajaba en
el World Trade Center, en Nueva York. En el atentado
del 11 de septiembre de 2001, Salty condujo a Omar por
los 71 pisos de la torre hasta llegar a la calle, justo antes
de que el edificio se desmoronara.

Los perros, al igual que los humanos, bostezan
por sueño o cansancio. También para revelar su ansiedad
o disgusto, aunque, en estos casos lo manifiestan
con varios bostezos seguidos y más duraderos que
los que causa la somnolencia. Asimismo, pueden
contagiarse de los bostezos de sus dueños.

Un análisis del ADN develó que todos los gatos domésticos
descienden del gato salvaje africano (*Felis silvestris lybica*),
oriundo del norte de África y Asia occidental.

39

Los perros pueden leer y reaccionar adecuadamente a los gestos y señales de los humanos, así como entender comandos de voz.

40

Cats es el musical compuesto por Andrew Lloyd Webber, basado en la colección de poemas *El libro de los gatos habilidosos del viejo Possum*, del estadounidense Thomas S. Eliot. Su trama gira alrededor de la noche en la que una tribu de gatos debe elegir cuál de ellos será acreedor a una nueva vida.

41

Un perro mantiene, durante toda su vida, conductas infantiles tales como la curiosidad y la capacidad lúdica.

42

El primer registro de un perro dálmata aparece en los archivos de la Arquidiócesis de Đakovo, en Croacia, precisamente en las crónicas eclesiásticas de 1719, escritas por el obispo Petar Bakič, quien lo denominó *Canis dalmaticus*.

43

El temperamento de los gatos está íntimamente vinculado a su herencia genética.

44

El amasamiento es una actividad que le practican
los gatitos a su madre para estimularle las glándulas
mamarias para que, así, produzca más leche. Tras el
destete continúan haciéndolo pues, con esta acción, liberan
endorfinas que les permiten aliviar el dolor y los relaja.

45

Para que un perro tenga un carácter equilibrado
hay que conocer sus necesidades, qué lo hace feliz
y cómo proveerle salud y bienestar.

46

Los gatos pueden rotar sus orejas 180°.

47

Cuando las orejas del gato están erectas y apuntando
hacia arriba, indican que está tranquilo. Si están erectas
pero apuntando hacia los lados, revelan que está enojado.
Cuando están bajas y hacia los lados, denotan ansiedad
y actitud defensiva. Y, si están completamente bajas y
hacia atrás, es que puede sentirse molesto o temeroso.

48

La música ayuda a los perros a liberar endorfinas,
reducir su ritmo cardiaco y respiratorio e, incluso,
mejorar su metabolismo.

49

Mike fue un gato callejero que llegó a integrar el plantel de trabajadores del Museo Británico en Londres. Cuidaba el edificio espantando palomas. Estuvo de servicio entre 1909 y 1924 y, luego, vivió en la casa de uno de los guardias hasta su muerte, en 1929.

50

Al nacer, los gatos pueden alcanzar entre el 2 o 3 % del peso de su madre, pero ya, a la semana, en la mayoría de los casos, han duplicado su peso de nacimiento.

51

En la China antigua, Li Shou era un dios gato, relacionado con la fertilidad. Se le hacían ofrendas para que las cosechas fueran buenas.

52

Sigmund Freud, considerado el padre del psicoanálisis, creía que los perros podían percibir la ansiedad de las personas, por lo que se ayudaba de su perro en las sesiones. Pensaba que sus pacientes se relajaban con la presencia del can y que ello permitía que se sintieran más cómodos hablando con él.

53

El dachshund o perro salchicha es también llamado teckel o perro vienés.

Los gatos que presentan un carácter asustadizo suelen transmitírselo a sus hijos.

Barry, un perro rescatista que salvó a más de 40 personas perdidas en la montaña, es considerado el padre de la raza San Bernardo. Nació en 1800, en un asilo del Paso del Gran San Bernardo, en Suiza. Su cuerpo, donado al Museo de Ciencias Naturales de la ciudad de Berna, fue embalsamado.

La diosa egipcia Bastet era representada como una gata o como una mujer con cabeza de gata. Simbolizaba la armonía y la felicidad, y protegía los hogares, a las embarazadas y a los partos.

Bobby, un perro de raza Skye terrier, permaneció por siempre junto a la tumba de su dueño, luego de que este falleciera en 1858 y fuera sepultado en el cementerio Greyfriars, de Edimburgo, Escocia. Conmovidos, los habitantes de la ciudad lo cuidaron hasta su muerte, en 1872, y, en su honor, lo enterraron junto a su amo. Dice su lápida: *"Que su lealtad y devoción sean un ejemplo para todos nosotros"*.

58

En la mitología japonesa, los *bakeneko* eran gatos
con poderes sobrenaturales. Podían cambiar de forma,
volar, lanzar bolas de fuego, caminar sobre dos patas
y resucitar a los muertos.

59

El explorador noruego, Roald Amundsen, fue en diciembre
de 1911, el primer hombre en llegar al Polo Sur. Gran parte
de su éxito fue gracias al esfuerzo y sacrificio de los perros
que lo acompañaron en la expedición: casi un centenar
participó de la travesía, pero solo regresaron 11.

60

**Los gatos callejeros son responsables de la extinción,
total o parcial, de 64 especies animales.**

61

Una de las pinturas más antiguas que registra la presencia
de perros cazando junto a los seres humanos tiene 8.000
años de antigüedad. Corresponde a un conjunto de tallados
en roca, descubierto al noroeste de Arabia Saudita.

62

El sphynx o esfinge parece un gato que carece de pelos. Sin
embargo, su piel presenta una capa de vello muy parejo,
corto y fino, que es casi imperceptible a la vista o al tacto.

63

En la tumba del faraón egipcio Ramsés II (1301-1225 a.C.),
se encontraron estatuillas talladas en piedra, de perros
muy parecidos a los malteses actuales.

64

El pastor ovejero australiano suele crear sus propios
juegos y actividades. Además, puede pasar del reposo
absoluto, a correr a velozmente por toda la casa,
antes de volver a descansar.

65

**La esperanza de vida de un gato que habita en el interior
de una vivienda ronda en los 15,2 años.**

66

La canción *A Day in the Life*, del grupo inglés
The Beatles, contiene un tono de alta frecuencia
que solo los perros pueden escuchar.

67

El test de Ainsworth, prueba desarrollada para evaluar
el apego de los niños a sus madres, se adaptó para estudiar
el vínculo entre los perros y las personas. Los resultados
concluyeron en que los canes establecen con sus
compañeros humanos relaciones afectuosas similares
a las que los hijos crean con sus padres.

68

Olores que odian los gatos: arena sucia, cítricos, eucalipto, jabones y desodorantes, plátano, pescado podrido, pino y pimienta.

69

Los gatos que pierden peso con rapidez son propensos a sufrir lipidosis hepática, una enfermedad potencialmente fatal, donde la grasa se acumula en el hígado y afecta su funcionamiento.

70

Un gato con dolor ronronea para demostrarle, a los humanos que está listo para recibir ayuda.

71

El perro terranova posee pelaje resistente al agua y patas palmeadas que lo convierten en un eximio nadador. Como, además, está preparado física y mentalmente para socorrer a las personas, es de los más aptos para desempeñarse como perro guardavidas.

72

Arya, Sam, Sansa, Tyrion y Khalessi figuran entre los nombres más populares de perros, inspirados en los personajes de la serie *Juego de Tronos*.

73

Las papilas gustativas de los perros varían de 1.700 a 2.000, mientras que las de los seres humanos llegan a 10.000.

74

El gato Bosque de Noruega aparece en la mitología nórdica. Ejemplares blancos de esa raza tiraban del carruaje de Freya, diosa del amor y de la fertilidad. Poseían tanta fuerza que, según la leyenda, ni siquiera Thor, el más vigoroso de todos los dioses, pudo levantar el carro de la deidad.

75

El primer informe sobre los beneficios de la terapia asistida con perros data de 1792, tras una experiencia en un asilo del Reino Unido, donde los canes tuvieron gran éxito calmando a los pacientes y ayudándolos a expresar sus emociones y pensamientos.

76

En marzo de 1996, se incendió un garaje abandonado de Nueva York. Un bombero descubrió a Scarlett, una gata callejera, sacando del lugar a sus cinco cachorros. Tras encontrarles un lugar seguro, la gata pereció a raíz de las quemaduras. En su honor, la organización rescatista North Shore Animal League creó el Scarlett Award, galardón que se otorga a animales o humanos que hayan ejecutado actos heroicos en beneficio de otros.

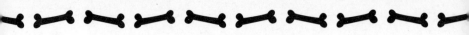

77

Un documental de la *BBC*, de Londres, exhibió
cómo se comportan los gatos cuando no los vemos.
A la manera de un *reality show*, durante varias semanas
grabaron a 50 felinos con microcámaras y GPS amarrados
a sus collares. Los resultados arrojaron que la mayor
preocupación de los mininos era conocer el paradero
y los movimientos de sus gatos vecinos.

78

**La nariz de los perros puede llegar a tener hasta
300 millones de receptores olfativos.**

79

El perro de visita terapéutica brinda asistencia
en hospitales, hogares de ancianos o centros
de rehabilitación, para mejorar la salud mental de
las personas y para que los pacientes con problemas
motrices avancen hacia su recuperación.

80

Según un estudio publicado en la revista de la Academia
Nacional de Ciencias de Estados Unidos, los perros
perciben si otros canes son recompensados por algo
que hicieron y ellos no. Cuando ello ocurre, se agitan,
se rascan en demasía y evitan la mirada de los ganadores.

81

La habilidad de un gato para caer de pie depende
de su reflejo de enderezamiento. Si no tiene tiempo
para girar sobre sí mismo mientras desciende, no caerá
sobre sus patas y, aunque lo haga, eso no quitará
que pueda sufrir lesiones.

82

En Alemania, la emisora digital Hallo Hasso diseñó
un programa radial ideado para calmar y acompañar
a los perros mientras se encuentran solos en sus casas.

83

**Un perro cachorro pasa el 10 % del día alimentándose
y jugando y, el 90 % restante, durmiendo.**

84

La higiene de los gatos "sin pelo", como el esfinge,
es indispensable para prevenir la irrupción de hongos
y de erupciones cutáneas. Suelen ensuciarse más rápido
que sus congéneres con mayor pelaje, debido a la grasa
que se acumula en su piel.

85

Según el científico Stanley Coren, las razas de perro
más inteligentes son el border collie, el caniche,
el golden retriever y el pastor alemán.

86

Algunas aerolíneas les fijan límites de edad a los perros o gatos que viajan en avión. Además, la mayoría no acepta razas de "narices chatas" o gatos como los birmanos.

87

Los perros de alerta médica son seleccionados y entrenados para detectar, anticipadamente, subidas y bajadas de azúcar o ataques de epilepsia.

88

La genética es la que determina el color del pelaje de los gatos. Así, los tonos rojizos los fija el gen naranja dominante, que está ubicado en el cromosoma X.

89

En 2020 en Australia Shadow una perra, de raza Mastín Napolitano, tuvo 21 cachorritos.

90

En la antigüedad, al atrapar roedores, el gato protegía los silos que algunos pueblos, como los egipcios, usaban para guardar su cosecha. Esto eliminaba, además, la aparición de enfermedades graves, como la peste. Al cazar serpientes, también cuidaba los hogares próximos a su territorio.

91

Los perros perciben el tiempo; pueden distinguir lapsos de hasta cuatro horas.

92

Los bigotes de los gatos, denominados vibrisas, amplifican sus sentidos. Les permiten detectar corrientes de aire, movimientos a distancia y vibraciones.

93

En la Antigua Roma, el gato no era próximo al hombre, sino que su equivalente, como animal casero que atrapaba ratones, era la comadreja.

94

La nariz de un perro tiene la capacidad de separar el aire. Cuando inhala, una gran parte del aire cumple con la función respiratoria, mientras que, la otra parte, se desvía hacia arriba, con destino a su zona olfatoria.

95

En el Antiguo Egipto, al gato se lo llamaba *myeou* y, a las hembras, *techau*, nombre que se encontró grabado en jeroglíficos y en tumbas del Valle del Nilo.

La mordida en tijera, en la que los dientes maxilares se alinean correctamente con los de la mandíbula, es la habitual en los perros que tienen una buena dentadura.

En la investigación *Mi gato y yo*, realizada por la Universidad de Lincoln, Reino Unido, casi 4.000 propietarios de mininos respondieron preguntas sobre su propio comportamiento y el de sus felinos. Así, se identificaron cinco formas de relación gato-dueño: asociación remota, amistad, codependencia, relación abierta y relación informal.

En la China antigua el emperador escondía, en la manga de su túnica, a un pequeño perro pekinés para que atacara al enemigo en caso de peligro.

A los gatitos, los primeros dientes de leche les salen entre la tercera y la octava semana de vida.

Cuando un perro de servicio tiene puesto su arnés, entiende que es tiempo de trabajar. Cuando se lo quitan, sabe que puede comenzar a jugar.

El gato raciona su comida. Si se le deja el alimento a su libre albedrío, ingerirá de 8 a 15 raciones a lo largo del día; cada una, de una duración de entre 3 y 4 minutos.

El artista Pablo Picasso pintó, en varias de sus obras, a Lump, su perro de raza Dachshund.

Los gatos actuales comparten un ancestro común vinculado con los aitanis, pequeños carnívoros que habitaron en los bosques hace 55 millones de años.

Eddie, el perro de Jack Russel, personaje principal de la serie televisiva norteamericana *Frasier*, recibía más cartas de admiradores que el propio protagonista de la tira, el actor Kelsey Grammer.

Petplus es un collar que detecta las emociones de un perro a través de sus ladridos y los compara con 10.000 muestras tomadas de 50 razas. Luego de esto, su propietario recibe en el móvil la información sobre si su mascota siente felicidad, relajación, deseo, enojo o tristeza.

106

Los perros suelen nacer con intervalos de unos
20 minutos entre sí. En ocasiones, en medio del parto,
la mamá puede tomarse un descanso de hasta un máximo
de dos horas entre cachorro y cachorro.

107

En México, 7 de cada 10 gatos o perros que son obsequiados
durante los días de Navidad, Reyes o San Valentín,
terminan en la calle antes del primer año de vida. Esto
significa que, en ese país, son abandonados alrededor
500.000 perros y gatos al año.

108

**El perro es omnívoro y los vegetales le aportan las proteínas
que, actualmente, forman parte de su dieta.**

109

Un estudio publicado en la revista *Nature* comprobó
que los lobos, que hace unos 12.000 años comenzaron a
convivir con los humanos, por necesidad empezaron
a comer los restos de su comida, que incluían papas
o arroz. Por esta razón, los perros actuales tienen
la posibilidad de digerir almidón, algo que los lobos
contemporáneos no pueden hacer.

 **110**

Antiguamente, en India, para alejar a los roedores,
se construían pequeñas estatuas de gatos para usarlas
como lámparas.

 **111**

Los primeros indicios sobre los gatos en China datan de
la dinastía Han, en el siglo II a.C., donde era considerado
un animal doméstico reservado a las mujeres. Se creía,
además, que atraía la buena suerte y que sus ojos brillantes
podían ahuyentar a los demonios.

 **112**

Existen catadores de comida para perros; su labor consiste
en elaborar informes detallados sobre el aroma y el sabor
de cada plato. Los novatos ganan alrededor de 30.000
dólares al año, mientras que, los más experimentados,
pueden llegar a embolsar unos 75.000 dólares anuales.

 **113**

En la Península Ibérica, los restos más antiguos de un gato
fueron descubiertos en el yacimiento arqueológico Gadir,
en la ciudad española de Cádiz. Se estima que el animalito
fue llevado hasta allí por los fenicios, hace casi 3.000 años.

 **114**

**Con solo 1 año de edad, los perros alcanzan la madurez
física de un humano de 15 años.**

115

El primer inventario de razas de gato fue efectuado
por el naturalista sueco Carlos Linneo en el siglo XVIII.
En él identifica cuatro grandes razas de felinos:
Catus angorensis, *Catus coeruleus*, *Catus domesticus*
y *Catus hispanicus*.

116

Países Bajos fue el primer país en instaurar una
ley de protección animal que prohíbe el abandono de perros
y gatos. Además de establecer altos impuestos
a la compra de perros de raza para fomentar así las
adopciones, estipula que los propietarios les deben brindar
los cuidados pertinentes, con multas y hasta penas
de prisión en caso de no hacerlo.

117

**Los perros pueden transmitirles a los humanos
más de 65 enfermedades zoonóticas.**

118

El término *cat content* alude a la inclusión de gatos
a la cultura popular, ya sea en libros, memes, películas
o revistas. Uno de sus precursores fue el fotógrafo
británico Harry Pointer, que retrató gatos con ropa,
en la década de 1870.

En cada una de sus orejas, los gatos tienen 32 músculos que les permiten girarlas a 180°.

A partir de los siete años, los gatos aumentan el riesgo de desarrollar trastornos de salud como cáncer, diabetes, hipertensión, hipertiroidismo y problemas renales.

Durante su adultez, muchos de los gatos, que aún pueden salir al exterior, siguen siendo activos cazadores. Por lo tanto, es importante mantenerlos desparasitados y controlar su vacunación.

Muchos perros, cuando se encuentran solos en su casa, suelen manifestar ansiedad por separación, en donde son frecuentes las deposiciones y micciones, los ladridos constantes, la destrucción de objetos y el rascado de puertas.

El gato Blackie, en 1988, recibió una fortuna de 12,5 millones de dólares como parte de la herencia que le legó Ben Rea, su dueño, al morir.

El cepillado activa la circulación y estimula el sano crecimiento del pelaje del perro.

En general, se estima que el duelo de una persona por la pérdida de su perro o gato puede durar desde 6 meses hasta 2 años.

Antes de comer, muchos perros trasladan restos de alimentos de un lugar a otro de la casa, para protegerlos y alejarlos de eventuales robos.

El gato doméstico promedio es más rápido que la mayoría de los perros: puede alcanzar una velocidad máxima de alrededor de 48 km/h.

En *El Coloquio de los perros*, novela escrita en 1613 por Miguel de Cervantes, dos perros, Cipión y Berganza, poseen el don de hablar durante las noches. Berganza le narra a Cipión sus experiencias con distintos amos en diferentes ciudades de España.

129

La mayoría de los gatos adultos sufre problemas
de dientes o de encías que pueden provocarles,
además de dolor, la pérdida de piezas dentales.

130

**Los gatos se refugian en lugares altos porque se sienten
seguros y, desde allí, pueden manejar situaciones peligrosas.**

131

Ilyena Hirskyj-Douglas, diseñadora de interacción
informática para animales, creó el primer control remoto
para perros. Se trata de una suerte de alfombra plástica
que contiene tres botones de distintas formas (de hueso,
de pata y de pelota), para que los canes puedan manejar el
televisor y así se entretengan mientras están solos en casa.

132

Un gato llamado Stubbs fue electo, en 1997, alcalde
del pueblo de Talkeetna, Alaska. Su dueño lo postuló en
broma, pero logró los votos suficientes y permaneció
en el cargo hasta su fallecimiento.

133

Los perros destinan el 35 % de la proteína que consumen
para mantener el pelo y la piel saludables. La falta
de esta sustancia afecta su pelaje, dejándolo quebradizo
y sin brillo, y le ocasiona la pérdida de su color.

 **134**

En Alemania, la posesión de un perro está regulada por un impuesto. El monto a pagar depende de la raza: las consideradas "peligrosas" están sujetas a una tasa más alta.

 **135**

Según la Organización Mundial de la Salud el 70 % de la población mundial de perros no tiene hogar.

 **136**

El basenji es un perro tipo terrier, oriundo de África central. No ladra, sino que emite un aullido que puede ser largo y agudo. Esto sucede debido al posicionamiento de su laringe y a la conformación de sus cuerdas vocales, que son más planas y delgadas que las de las demás razas caninas.

 **137**

Fragmento de *Oda al gato*, del poeta chileno Pablo Neruda: *"Oh pequeño emperador sin orbe, conquistador sin patria, mínimo tigre de salón, nupcial sultán del cielo de las tejas eróticas, el viento del amor en la intemperie reclamas cuando pasas y posas cuatro pies delicados en el suelo, oliendo, desconfiando de todo lo terrestre, porque todo es inmundo para el inmaculado pie del gato".*

138

**Pedir comida es la demanda más común
que hacen los perros.**

139

Las necesidades alimentarias del perro no son las mismas
para cada período de su vida. Los canes mayores, por
ejemplo, necesitan de una mayor cantidad de proteínas.

140

La singapura es considerada la raza de gatos
más pequeña del mundo. Muchos de estos felinos vivían
en las tuberías de Singapur, Asia, para resguardarse del
calor durante el verano; por eso también son conocidos
como "gatos de desagüe".

141

Los gatos mayores de 15 años pueden presentar síntomas
de demencia senil: se muestran confundidos, deambulan
sin rumbo y maúllan en forma ininterrumpida.

142

El proceso de socialización de un perro empieza
alrededor de las 3 semanas de vida y finaliza cuando
cumple 3 meses. En ese lapso, aprende todo lo que
necesitará para crecer seguro, equilibrado y feliz.

143

A la mayoría de los gatos les gusta que los acaricien debajo del mentón, la base de las orejas y cerca de las mejillas. En cambio, les molesta que les toquen el lomo, el nacimiento de la cola y la barriga.

144

En el yacimiento Ein Mallaha, situado en el alto Valle del río Jordán, en Israel, se halló un esqueleto de 12.000 años de antigüedad. Correspondía a una anciana que había sido enterrada abrazando a su perro.

145

Los habitantes de América del Norte y del Sur, Oceanía y África prefieren a los perros para convivir. Los gatos son favoritos en Europa y Asia.

146

Los ladridos, los gruñidos, la tensión corporal y una postura intimidatoria son claras evidencias de que un perro no debe ser tocado. Estas conductas pueden indicar la presencia de esguinces, fracturas, hemorragias o heridas.

147

Aún hoy, el cerebro de los gatos está programado para pensar como si fueran felinos salvajes.

148

Los gatos que no juegan pueden desarrollan trastornos de conducta y hasta depresión.

149

En la mitología de la Mesopotamia asiática, siete perros cumplían un papel importante acompañando a Innana o Ishtar, una de las diosas más populares de la región.

150

Un perro puede tomar como una amenaza ser acariciado cuando está pendiente de otro asunto, ya que lo tomaría por sorpresa.

151

Cuando disfruta de las caricias, el gato mantiene su cola erguida y la mueve suavemente, mientras la estira en el aire y sus orejas apuntan hacia delante. Si la persona detiene los mimos, el felino suele empujarla, levemente, para indicarle que continúe.

152

Sobre la tierra de la cueva de Chauvet, en el sur de Francia, se mantienen intactas huellas de 26.000 años de antigüedad pertenecientes a un niño que caminaba junto a un perro.

153

Según la mitología romana, la diosa Trivia, también conocida como "Reina de los fantasmas", acechaba, oculta, por los cruces de caminos y cementerios, para cazar a la gente. Pero los perros siempre se percataban de su presencia, por lo que se creía que, cuando un can le ladraba a la nada, era porque advertía que Trivia se aproximaba.

154

Un juguete, lo suficientemente pequeño como para que quepa detrás de sus molares, es un factor de riesgo para el perro.

155

Los balcones y las ventanas no son lugares seguros para el gato. Deben estar protegidos por rejas o mallas.

156

Fray Bernardino de Sahagún, en su obra *Historia general de las cosas de la Nueva España*, escrita en el siglo XVI, señaló que, en el territorio americano se criaban perros sin pelo, a los que se los untaba con una resina llamada *oxitl* para que permanecieran lampiños.

157

Aunque los gatos rara vez se resfrían, esto puede suceder cuando se exponen al frío por mucho tiempo o hay fuertes corrientes de aire en la casa.

158

El investigador japonés Sadahiko Nakajima estudió
parejas de perros y propietarios y concluyó que, al elegir
un can, las personas inconscientemente buscan rasgos
que les resulten familiares. De ahí es que, muchas veces,
los perros se parecen a sus dueños.

159

Sócrates, el sabio griego, afirmó que el perro
es un verdadero filósofo, porque *"distingue entre el rostro
de un amigo y el de un enemigo únicamente mediante
el criterio de saber y no saber"*.

160

**La pandemia de Covid-19 ayudó a fortalecer el vínculo
de los humanos con gatos y perros.**

161

Si un gato vive en el interior del hogar debería
tener dos bandejas sanitarias. Si viven dos gatos
deberían tener tres y así sucesivamente, para que
siempre dispongan de una limpia.

162

En la Antigua Mesopotamia asiática, las dos principales
razas caninas eran enormes galgos y perros muy vigorosos,
del tipo de los daneses o mastines. Estos últimos eran
grandes adversarios para los lobos.

Dusty, un gato "cleptómano", ganó notoriedad
en televisión y en Internet por sus robos. Se calcula
que se llevó a su casa más de 600 artículos; desde
4 conjuntos de ropa interior, hasta 40 pelotas, 18 zapatos,
100 guantes y 213 paños de cocina.

**Los perros fueron domesticados en Europa
hace unos 32.000 años.**

En 2008, un estudio realizado por investigadores
de la Universidad de Minnesota reveló que los
dueños de gatos tienen menos posibilidades de morir
de un ataque al corazón.

En Japón se vende el brillo de labios *Neko no hana
ni kisu shita mitai - hinyari Ohana*, cuya traducción
significa, literalmente: *"Es como si hubiera besado la nariz
de un gato, una nariz fresca y agradable"*. Esto es porque
dicho cosmético recrea la sensación que deja un gato
luego de un "beso de nariz".

**En el Antiguo Egipto, los perros eran sepultados en el templo
de Anubis, en Saqqara, con una fastuosa ceremonia.**

168

En Gran Bretaña, un gran danés llamado Fredy medía 1,3 metros apoyado sobre sus cuatro patas y, parado en sus patas traseras, alcanzaba los 2,13 metros. Para su dueña era *"más alto que muchos jugadores de la NBA"*.

169

En Argentina, una persona con discapacidad puede ingresar y permanecer con su perro guía en todos los establecimientos públicos y privados. El animal también es admitido en el transporte de pasajeros y en las zonas de uso público de las terminales o estaciones.

170

Los gatos machos, en general, son más independientes que las hembras.

171

Se estima que Towser, una gata escocesa que entre 1963 y 1987 vivió en la destilería Glenturret, atrapó un promedio de tres ratones diarios. En su honor, le erigieron una estatua en la entrada de la fábrica.

172

El psicoanalista Steve McKeown afirmó: *"la gente que es más afín a los perros es más sociable y extrovertida, mientras que, la gente que prefiere a los gatos es más sensible y de mente abierta"*.

173

A menudo, el gato frota su cuerpo contra las piernas del dueño para marcar "su" territorio. El animal no espera respuesta a este comportamiento, por eso rechaza a la persona cuando intenta acariciarlo.

174

En la China antigua, se usaban amuletos con forma de perro como protección personal.

175

En perros y gatos, el premolar y el primer molar constituyen el primer par de dientes que utilizan para cortar la carne, como si fueran tijeras.

176

El *Kong Wubba Boa Teaser* es un juguete ideado para satisfacer el instinto cazador de los gatos. Consiste en una caña con abundantes plumas brillantes en uno de sus extremos.

177

El gobierno de Australia estimó que los servicios de salud humana podrían ahorrar alrededor de 175 millones de dólares anuales en problemas de obesidad, si todos los dueños de perros caminaran diariamente con ellos durante 30 minutos.

178

En 2012, en Massachusetts, Estados Unidos, el conductor de un tren de carga vio a una perra tratando de sacar de las vías a una mujer desvanecida. No pudo frenar a tiempo y el tren pasó por encima de las dos. La mujer sufrió heridas leves, gracias a que el animal la había cubierto con su cuerpo. A la pitbull, llamada Lilly, tuvieron que amputarle una de sus patas delanteras, pero sobrevivió.

179

El perro egipcio, de raza abuwtiyuw o abuatiu, es uno de los animales domésticos más antiguos de los que se tenga conocimiento. Se cree que cumplió tareas como guardián real en la dinastía VI (años 2345-2181 a.C.) y, a su muerte, fue homenajeado con un importante entierro ceremonial, en la necrópolis de Guiza.

180

Después de unos 66 días, las gatas preñadas dan a luz a gatitos, cuyo peso no supera los 100 gramos por animal.

181

La japonesa Fumi Higaki aplicó el método "Haz lo que yo hago", para que su gata Ebisu imitara sus movimientos. La mujer le mostraba una acción y el minino lo replicaba, logrando copiar ejercicios tales como ponerse de pie, golpear una caja o abrir una gaveta.

Los perros no solo ven en blanco y negro; también perciben los colores azul y amarillo y toda la gama de grises.

La esterilización de un perro o gato es una operación de rutina en la que se extraen los órganos reproductores del animal. A los machos se les extirpan los testículos, mientras que a las hembras, además de los ovarios, también se les puede quitar el útero.

Los gatos caseros que son abandonados en la calle tienen una expectativa de vida que no supera los seis meses de edad.

Los perros rescatistas de México trascendieron las fronteras de su país cuando fueron enviados a Haití, en 2010, para socorrer a los damnificados del sismo que sacudió a ese país.

Doraemon es un manga escrito e ilustrado por Fujiko Fuji. Narra las aventuras de Doraemon, un robot-gato que viaja desde el futuro para cuidar y mejorar la vida de un niño llamado Nobita.

Los perros europeos fueron introducidos en América durante el segundo viaje de Cristóbal Colón, en el año 1493. El religioso Juan Rodríguez de Fonseca llevó 20 ejemplares de galgos y mastines.

El collar de púas fue inventado por los griegos para proteger el cuello de los perros del ataque de lobos.

La cola del gato le permite comunicarse a través de sus diversas posiciones y movimientos. La levanta y endereza para saludar, dobla la punta como un gancho cuando está alegre, la mueve rápido de un lado a otro cuando está enojado y suavemente cuando está relajado.

En Turquía se construyen viviendas para que los gatos callejeros no pasen frío durante la noche.

Investigadores de Australia y Estados Unidos revelaron que, en realidad, los gatos no son tan buenos depredadores de ratas y ratones, como de aves, reptiles y otros animales pequeños.

192

En Michigan, Estados Unidos, Cygnus,
un gato de raza Silver maine coon, tenía una cola
que medía 46 centímetros de largo.

193

**Una característica genética propia de los dálmatas
es su alta propensión a la sordera.**

194

El perro ovejero húngaro del guionista Robert Towne fue
nominado a los premios Oscar de 1985, por la película
Greystoke, la leyenda de Tarzán. Towne tardó más de cinco
años en escribir el libro y, cuando finalmente se rodó
el film, los productores modificaron el guion original.
Enojado, exigió que el guion se registrara a nombre
de P. H. Vazak, su mascota. No ganó el premio.

195

De acuerdo a la *Revista Americana de Investigación
Veterinaria*, esterilizar a los perros extiende sus años
de vida. En los machos, la aumenta un 24 % y,
en las hembras, un 20 %.

196

Los gatos poseen un olfato 15 % superior al del ser humano.

Separar prematuramente a un cachorro de su madre
y hermanos puede generarle problemas de conducta.

La pareja de actores Alex Bailey, de Gran Bretaña y Kroot
Juurak, de Estonia, realizan desde 2014 espectáculos
teatrales destinados exclusivamente a perros y gatos.
Tratan de conectarse con ellos valiéndose del lenguaje
corporal y van a sus casas para llevar a cabo sus
performances.

Muchos conejos prefieren estar cerca de un gato antes
que relacionarse con otro conejo.

Flush, biografía de un perro es un libro de la escritora
británica Virginia Woolf. Conoció a Flush, un cocker
spaniel, mascota de su colega Elizabeth Barret Browning,
gracias a la correspondencia que intercambiaba con el
esposo de Browning. La obra describe con humor e ingenio
la vida del can, de sus antepasados y de sus dueños.

Cuando un perro se come una abeja o una avispa,
al intentar masticarla puede sufrir picaduras internas
en la lengua y en las encías.

202

Un gato de tres meses de edad mide, en promedio,
unos 30 centímetros desde la nariz hasta la punta de la cola.

203

En 2015, un grupo de científicos de la Universidad
Cornell, de Nueva York, logró traer al mundo a la primera
camada de cachorros de perro por fecundación in vitro.
Este suceso podría salvar especies en peligro de extinción.

204

Los gatos que tienen menos posibilidades de salir
al exterior y, por ende, un vínculo más estrecho con
los humanos con los que conviven, adaptan su estilo
de vida al de la familia.

205

Los restos fósiles de los perros de la prehistoria revelan que
eran animales grandes y vigorosos, de unos 40 kilos de peso.

206

La mayoría de las operaciones por obstrucciones
intestinales en perros son de urgencia. Es una de
las cirugías caninas más frecuentes, porque los síntomas
previos (dolor abdominal, diarrea y vómitos) suelen
confundirse con otras dolencias.

207

Razas como la cocker spaniel suelen sufrir de cataratas
cuando alcanzan la edad adulta. La catarata ocurre cuando
el cristalino, que es la lente natural de los ojos, pierde
transparencia, produciendo una visión borrosa.

208

**Cada 3 de mayo se celebra el Día Mundial
de Abrazar a tu Gato.**

209

El juego es una de las actividades más importante
y estimulante para gatos y perros. Además de fortalecer
el vínculo con sus propietarios, los ayuda a gastar energía
y a reducir el estrés que les genera pasar mucho tiempo
dentro de una casa o departamento.

210

**Los perros también sueñan. Mientras duermen, lloran,
gimen y sus cuerpos pueden hacer que corren.**

211

Michi es un americanismo empleado en varios países para
aludir a un gato, palabra que, en distintas lenguas nativas
de México se pronuncia de un modo muy similar: en otomí
es *mixi*, en náhuatl, *miztli* y en tarahumara, *miíɜi*.

Al caminar, los gatos mueven primero ambas patas derechas y, luego, ambas patas izquierdas. Solo otros dos mamíferos caminan de idéntica forma: las jirafas y los camellos.

Los perros eran considerados buenos nadadores por los mayas.

Cuando un gato padece parásitos intestinales, los síntomas son: pérdida de peso, diarrea, pelaje deteriorado y vómitos excesivos.

Home Free es un videojuego en el que el jugador es un perro, que deambula por las calles buscando comida, un hogar y amigos perros y humanos. Además, puede elegir entre docenas de razas y, así, crear su propia historia.

En 2002, un estudio realizado por la Universidad Estatal de Nueva York, en Estados Unidos, precisó que las personas *"sufren menos estrés al realizar una tarea difícil cuando sus gatos están con ellos, que cuando está cerca otra persona".*

217

Esther Castaño tenía 6 años cuando cayó a una piscina.
No sabía nadar. Rex, un pastor alemán que vivía en el
lugar, comenzó a ladrar desesperadamente y alertó a Buli,
el rottweiler que vigilaba la casa, que saltó a la piscina y,
con la ayuda de su hocico, mantuvo a flote a la niña hasta
que su madre la sacó del agua. De adulta, Esther se hizo
voluntaria en centros de adopción.

218

Los gatos pueden pasar entre 13 y 15 horas durmiendo.

219

El gato puede elongar, enroscarse como una bola,
rotar su cuerpo y mover su cola en todas direcciones,
sin riesgo de sufrir una luxación.

220

Durante las dos primeras semanas de vida, los perros
perciben el mundo solo a través del tacto y el oído. Son
dependientes hasta para hacer sus necesidades; lo aprenden
gracias a la madre, que los estimula mediante lengüetazos.

221

Cuando el gato, repentinamente, comienza a saltar
o a correr de un lado para otro es porque precisa quemar
el exceso de energía.

222

Los perros entrenados para asistir a personas
con discapacidad auditiva, además de avisarles sobre
los sonidos cotidianos, los alertan ante el disparo
de una alarma, para que se pongan a salvo.

223

**Las razas más inteligentes de perros pueden interpretar
hasta 250 palabras.**

224

En 2020, Rumania, Polonia y la República Checa
fueron los países europeos con más perros en sus casas.
Se estimó que, en el 40 % de los casos, cada hogar
tenía un perro o más.

225

Abraham Lincoln fue el primer presidente estadounidense
en llevar gatos a la Casa Blanca. A menudo se podía ver a
uno de sus mininos, Tabby, comiendo sobre la mesa con la
familia. Y a Lincoln alimentándolo con un tenedor de oro.

226

Algunos perros pueden detectar que una persona
está por sufrir una crisis epiléptica, entre 8 y 15 minutos
antes de que aparezca. Esto contribuye a que el afectado
por la enfermedad pueda prepararse y tomar
las medidas pertinentes.

227

En Japón, durante el siglo XVIII, una ley prohibió
el encarcelamiento y la comercialización de gatos.

228

Se estima que en el planeta viven unos 500 millones
de perros. Cerca de 75 millones residen en Europa y,
más de 83 millones, en Estados Unidos.

229

Alrededor del 1940, el perro Stuppke ganó popularidad
por ladrar las veces que indicaba el número que, en una
pequeña pizarra, le escribía Mr. Pilz, su propietario. En
realidad no sabía matemáticas, sino que tenía la habilidad
de leer las imperceptibles señales corporales que el hombre
le enviaba para que ladrara la cifra correcta.

230

Los gatos gustan de beber y comer en lugares diferentes.
Los felinos salvajes también lo hacen, para evitar que
el agua esté contaminada con restos de alimento.

231

Para los aztecas, Xolotl, dios del fuego y el relámpago,
estaba representado como un hombre con cabeza de perro.
Era responsable del nacimiento, alimentación y crianza
de la humanidad.

232

Los perros pueden mostrar cerca de 100 expresiones faciales. La mayoría las realizan con las orejas.

233

Los restos del gato más antiguo fueron hallados en una tumba de hace 9.500 años, en Chipre, en el Mediterráneo oriental. El esqueleto completo del animal estaba a unos 40 centímetros del sepulcro de un humano.

234

Entre la tercera y la cuarta semana de vida, los perros desarrollan el control de la vejiga y de las evacuaciones y, aun antes de decidirse a hacerlo, aprenden cómo salir del sitio en el que duermen.

235

En Bélgica, en 1879, fueron entrenados 37 gatos para entregar el correo. Como no lograron ser lo suficientemente disciplinados para llevar a cabo esa tarea, el proyecto se abandonó.

236

En Estados Unidos, Eugene Bostick, de 80 años, originario de Texas, llevaba a sus perros rescatados a pasear en un tractor. En 2019, sumó más perros a su cuidado, así que le agregó al tractor distintos barriles, a modo de vagones, para poder transportarlos a todos.

237

Se cree que la domesticación del gato tuvo lugar en Egipto durante el tercer milenio anterior a la era cristiana.

238

Para estimular a un gato, se le pueden construir laberintos con tubos que pueda atravesar, o incitarlo a perseguir ratones de plástico o de peluche atados a una cuerda.

239

En un estudio de la Universidad Ryerson, en Canadá, se les pidió a 103 personas que completaran una tarea estresante. Luego, al azar, las hicieron ver un video que podía ser de un perro jugando con un juguete, de uno descansando, de una cascada de agua, de un arroyo manso o de una pantalla blanca. Se concluyó que los videos de perros ayudaron a disminuir la ansiedad e impactaron más positivamente que las imágenes de la naturaleza.

240

Los perros sufren dolor cuando hay una tormenta eléctrica, ya que algunas frecuencias de sonido pueden dañar sus oídos.

241

El Meow Meow es un crucero para fanáticos de los gatos. Ofrece toda clase de actividades relacionadas con ellos, desde debates, conferencias y trivias, hasta shows y cursos de fotografía.

242

**Los gatos no entienden los castigos,
pero sí las recompensas cuando hacen algo bien.**

243

Tombili fue un gato turco cuya imagen se viralizó
en las redes, por su actitud relajada, acodado en una acera.
Tras su muerte, el escultor turco Seval Sahin erigió una
estatua en su honor, con la postura que lo hizo famoso.
Su objetivo fue exhortar a la gente a *"apreciar las relaciones
con los gatos callejeros"*.

244

Difícilmente un perro comprenda a una persona
si solamente le habla; necesita un gesto o una señal
que le permita entender lo que le dice.

245

En los siglos XV y XVI, los viajes de comercio
y exploración marítima europeos llevaron a que los
gatos se propagaran por el mundo. Los felinos fueron
desembarcando en los distintos puertos y, a partir de allí,
pudieron desarrollarse diferentes razas, adaptadas a las
condiciones del lugar en donde se encontraban.

246

**Antes de acostarse, los perros realizan círculos, al igual que
lo hacían sus antepasados en las malezas en donde dormían.**

247

Diez perros nobles es una serie de pinturas que representan a las mascotas del emperador chino Qianlong. Creadas por el artista italiano Giuseppe Castiglione a partir del año 1747, las telas mostraban a nueve galgos y un mastín tibetano. Los galgos detentaban nombres de criaturas míticas, como dragón negro, tigre moteado o leopardo amarillo, mientras que el mastín era el león celestial.

248

El embarazo de una perra puede durar entre 60 y 63 días.

249

Los gatos han casi duplicado su expectativa de vida en los últimos 25 años y, en la actualidad, pueden llegar a cumplir de 18 a 20 primaveras. Residir en lugares cerrados redujo la posibilidad de que se enfermen o accidenten.

250

A los gatos les gusta esconderse en lugares despejados. Una caja de cartón, por ejemplo, además de cumplir con ese objetivo, puede ser una gran fuente de entretenimiento.

251

A los gatos les gusta sumergir las patas en el agua y luego lamerlas. Lo hacen para no mojarse los bigotes.

252

El ronroneo de los gatos tiene propiedades curativas
y antiestrés: les permite recomponer sus huesos y tejidos.

253

Los perros pueden entender el comportamiento de los
humanos descifrando cambios ínfimos en su expresión
facial, tono de voz y hasta postura corporal. Así, saben si
intentan engañarlos y aciertan cuando, por ejemplo, les
prometen dar un paseo y, en realidad, quieren bañarlos.

254

Dreirdre Barrett, doctora y psicóloga clínica y evolutiva
de Harvard, investigó el sueño de los gatos. Observó que
durante la fase REM o de sueño profundo pegan un salto
y arquean la espalda adoptando posturas de caza, como
si quisieran atrapar a una presa.

255

Entre el 20 y el 40 % de los perros que viven en países
industrializados sufren obesidad.

256

La perra Kiowa le salvó la vida a su compañera humana,
Zoe Luz, luego de que sufriera un derrame cerebral que
la dejó inmovilizada en el suelo. Con empeño, el animal
la llevó hasta el teléfono y así la mujer pudo llamar
a emergencias.

257

En Europa, a partir del siglo XVII, los gatos comenzaron a protagonizar fábulas y cuentos, por su carácter sagaz, enigmático y cautivador.

258

La pérdida súbita de peso en perros o gatos puede ser síntoma de un problema de salud o una enfermedad grave, como una afección cardíaca.

259

La obesidad en los perros puede provocarles trastornos cardiovasculares, artritis o reducir su capacidad pulmonar.

260

Unos 10 o 15 días antes del parto, la perra preñada busca un rincón de la casa que sea seguro, tranquilo y protegido para sus cachorros. Poco antes de parir, deja de comer, se muestra nerviosa y suele rascar el piso por la ansiedad.

261

Los ancestros africanos de los gatos también tenían hábitos nocturnos.

262

Péritas fue el perro del conquistador Alejandro Magno. Cuando el can murió, en su honor ordenó la construcción de una ciudad a orillas del actual río Jhelum, en India.

263

Cuando un perro se queda solo en la casa durante mucho tiempo, se debe evitar que se sienta enclaustrado, ya que eso lo aburre y estresa. Por el contrario, es recomendable dejar abiertas las persianas y las cortinas, para que entre luz y pueda mirar a la calle.

264

En Argentina, durante la pandemia de Covid-19, la adopción de perros aumentó en un 200 %.

265

Los gatos mayores son menos activos. Merma su tono muscular y también su capacidad para correr, saltar y trepar. Los propietarios de mininos ancianos tienden a jugar y a estimularlos menos, lo que puede acelerar la degeneración de sus articulaciones e incrementar la apatía del animal por mantener su agilidad física y cognitiva.

266

Los perros pueden discernir en qué momento del día les toca realizar determinadas actividades.

267

Los gatos que pueden deambular libremente por su vecindario no abarcan una zona muy extensa: como máximo, pueden llegar a alejarse unos 150 metros de su hogar.

268

A la hora de enfrentarse a desafíos, los perros
que han sido criados o que viven en el campo suelen
ser más osados que sus pares de la ciudad.

269

**La orina del gato brilla en la oscuridad, cuando se la alumbra
con luz negra o ultravioleta.**

270

En 2016, la Agencia Federal de Redes Sociales de Alemania
informó que el 30 % de los contenidos que circularon en
las plataformas de ese país correspondía a imágenes de
animales. De ese total, el 62 % era de fotos de gatos.

271

Bañar a los perros diariamente puede alterar el equilibrio
y la grasa que precisan para mantener su piel saludable,
ya que puede ocasionarles dermatitis, sequedad y otros
trastornos a su pelaje.

272

La empresa japonesa Ferray cuenta, en sus oficinas, con
nueve gatos que acompañan al personal. Los empleados
aseguran que los ayudan a lidiar con los problemas
laborales y los tranquilizan en los momentos difíciles.

273

La investigadora Maike Foraita, de la Universidad
La Trobe, en Australia, observó que los perros regulan su
comportamiento de manera similar a los niños pequeños.

274

**Cada año, en España se abandonan alrededor
de 140.000 perros.**

275

El *Maneki-neko* es una escultura popular japonesa
que representa a un gato de la raza bobtail. También
conocido como "gato de la suerte" o "gato de la fortuna",
no está saludando, como la mayoría de la gente cree, sino
que exhibe una postura de llamada. Si levanta su pata
delantera derecha trae riqueza; si alza la izquierda,
atrae personas y felicidad.

276

El perro polar argentino es una extinta raza canina
desarrollada por el ejército para tirar de los trineos en sus
bases antárticas. Fue la primera raza antártica y, por una
petición internacional, debió ser trasladada al continente.
Actualmente, su descendencia reside en la Patagonia,
cruzada con perros ovejeros de la zona.

277

Pangur Bān es un poema del siglo VIII, escrito por un monje en irlandēs antiguo. En sus estrofas, el autor compara las actividades de su gato Pangur Bān, con sus propias tareas acadēmicas. El primer verso dice: *"Solemos yo y Pangur Bān, mi gato, en lo mismo los dos pasar el rato: cazar ratones es su diversiōn, cazar mās bien palabras mi pasiōn"*.

278

En 2018, la artista española Elena Negueroles donō a la ciudad de Valencia una escultura titulada *Callejeros*, que representa a un perro (Tristán) y a una gata (Soledad). El objetivo de esta obra fue concientizar sobre la crueldad del abandono y el sufrimiento que esto genera en los animales, como también destacar la labor social que desempeñan los rescatistas.

279

Los perros y los gatos son digitīgrados, es decir que, al caminar, solo se sostienen sobre los dedos de sus patas, sin apoyar la articulaciōn del talōn.

280

La mayoría de los perros expresan tristeza o depresión, tras la muerte de un compañero con el que compartían el hogar.

281

El *Bubasteion* o *Bubasteum* era un conjunto de templos dedicados a la diosa egipcia Bastet. En árabe, el lugar se llama *Abwab el-Qotat*: "Las puertas de los gatos".

282

Estudios realizados por el Centro Waltham, del Reino Unido, demostraron que la terapia asistida con perros mejoró, en los niños con autismo, su actividad social, concentración y atención. Canadá, en 1996, fue pionero en este tipo de intervenciones al entrenar y entregar el primer perro de asistencia a un pequeño con TEA (Trastorno del Espectro Autista).

283

Cuando un gato está quieto, percibe mejor el sonido.

284

El Cementerio Nacional de Perros de Combate es un monumento emplazado en la base naval de la isla de Guam, ubicada en el Océano Pacífico Occidental. La obra fue erigida para homenajear a los canes (en su mayoría dóberman) del cuerpo de Marines de los Estados Unidos, caídos en servicio durante la Batalla de Guam, en 1941.

285

Cuando el gato come, el bigote le apunta hasta dónde puede inclinar su cabeza, para no ensuciarse ni mojarse la cara.

286

Los perros ancianos se tornan más sedentarios, tienen menos energía y curiosidad, duermen mucho y se adaptan más lentamente a los cambios en la dieta y las rutinas. Pueden sufrir pérdidas de memoria, volverse más irritables y soportan menos las temperaturas extremas.

287

Los cambios repentinos suelen provocarles estrés a los gatos, afectando tanto a su comportamiento como a su salud.

288

Según las estadísticas, China cuenta con una población de más de 40 millones de gatos callejeros. Asimismo, más de 100 especies caninas tienen displasia de cadera y ciertas razas, como el carlino, padecen problemas respiratorios.

289

Simón fue un gato "marinero" que, entre 1948 y 1949, estando a bordo de la fragata británica Amethist, sobrevivió al ataque de la artillería china. Eso le levantó la moral a la tripulación y, ya en Inglaterra, fue reconocido como héroe de guerra. Murió de una virosis y, a su entierro, asistieron centenares de personas, incluyendo a toda la tripulación del navío. Recibió las honras militares de su país y la medalla Dickin, que se otorga a animales que participaron en acciones castrenses.

290

Los perros se comunican mediante la marca de olor que dejan al orinar. Los cachorros suelen levantar mucho sus patas para orinar más arriba, a fin de dar la impresión de que la marca fue realizada por un ejemplar más grande.

291

Ciertas razas caninas, como akita, döberman pinscher y schnauzer gigante, poseen lo que se conoce como "patas de gato" y que es un tercer pequeño hueso digital, que conforma un pie compacto similar al de los felinos. Esta constitución aumenta su resistencia y les exige menos energía para levantar las patas.

292

Según Moisés Heiblum, académico de la Universidad Nacional Autónoma de México, las personas que tienden a humanizar a sus perros y gatos los perjudican, porque les exigen comportamientos impropios de su especie. También porque menosprecian sus formas de comunicarse, su organización social y sus reglas para convivir, todo lo cual les genera un alto nivel de ansiedad.

293

En 1998, Chupete se convirtió en el primer perro guardavidas de Argentina.

294

Los gatos poseen algunas uñas retráctiles, que conservan
escondidas para mantener protegidas sus garras, y que
se complementan con las almohadillas de sus patas.
Eso les asegura sigilo a la hora de cazar.

295

Se denominan "perros de trineo" a las razas usadas para
tirar de esos vehículos de nieve. Todos guardan un gran
parecido entre sí y también con el lobo: su tupido pelaje,
que los aísla de las bajas temperaturas que deben tolerar
durante sus traslados. Son muy sociables con otros perros,
porque están habituados a trabajar y vivir en jaurías.

296

Cuando una persona se contacta, por primera vez,
con un perro o gato, debe mantener una actitud pasiva
y evitar el acercamiento directo o los movimientos
rápidos y ampulosos. Hay que dejar que el animal
se tome su tiempo y darle el espacio suficiente para
que pueda alejarse, si aún desconfía.

297

Los gatos no tienen muchas glándulas sudoríparas
y, las que poseen, se concentran en puntos específicos
de su cuerpo: las almohadillas de sus patas, el ano,
los labios y la barbilla.

298

El primer dibujo de un perro Collie data del año 1790
y se diferencia del actual en que, el de aquella época,
no tenía el pelo tan largo y suave como el actual.

299

Historia de una gaviota y del gato que le enseñó a volar,
del autor chileno Luis Sepúlveda, es una novela publicada
en 1996, que narra la historia de Zorbas, un gato que se
compromete a criar a un polluelo de gaviota. La madre
del ave, antes de morir, le encomienda al felino el huevo
que acaba de poner. Zorbas no solo lo criará: también
le enseñará a volar.

300

El pastor u ovejero belga es el resultado
de cuatro razas caninas oriundas de Bélgica:
groenendael, laekenois, malinois y tervueren.

301

Los gatos que no le temen el agua son, por lo general,
aquellos que han sido criados cerca de ríos, lagos o arroyos.

302

Los perros bloodhound se distinguen por ser grandes
investigadores. Gracias a su excepcional olfato, participan
en tareas de búsqueda de personas desaparecidas.

303

Las investigaciones sobre conducta animal han tenido grandes tropiezos al momento de trabajar con gatos, porque no participan de los experimentos ni responden órdenes. Por lo general, se muestran enojados y sin aptitud para cooperar.

304

En la mitología china, los perros desempeñaban diversos roles, ya sea acompañando al héroe en sus aventuras o como una de las 12 criaturas que le daban nombre a los años.

305

La frase: *"Un año humano equivale a siete años caninos"* es totalmente inexacta.

306

A bordo del Titanic viajaron 11 perros debidamente documentados. El pasaje de cada animal costaba lo mismo que el de un niño. Del naufragio solo se salvaron dos: un pequinés y un pomerania.

307

En el siglo XIX, Inglaterra inició la creación de las "razas puras", práctica que ha provocado que el 20 % de los perros del mundo sufra alguna enfermedad genética grave.

308

Jill Mateo, experta en reconocimiento parental
de la Universidad de Chicago, afirmó que, desde
muy temprana edad, los gatos registran características
familiares a través de los olores. Así, crean los patrones
que les permitirán hacer comparaciones con otros gatos
y reconocer, por ejemplo, a un medio hermano paterno,
aunque no hayan crecido juntos.

309

El pelaje de un gato puede tolerar una temperatura
de hasta 50° sin sufrir ningún daño. Esto no significa
que no sienta calor.

310

Tanto perros como gatos tienen un total de 18 dedos
repartidos de la siguiente forma: 5 en cada una de
las patas delanteras y 4 en las patas traseras.

311

El gato que se aproxima a la cara de una persona
y le da pequeños cabezazos lo hace para impregnarle
el olor de sus feromonas. También puede ser su modo
de saludar a alguien por quien siente afecto.

312

**En la mayoría de los casos, el bulldog actual debe nacer
por cesárea, porque tiene la cabeza demasiado grande.**

**Los perros tienen la habilidad mental de inferir lo que piensan
y sienten los humanos en determinadas circunstancias.**

En 2018, cuando el alpinista polaco Wojciech Jabczynski
llegó a la cima del Monte Rysy, el pico más alto
de su país (2.499 metros), se encontró con un
gato doméstico acicalándose.

El olfato de gatos y perros les permite determinar,
entre otras cosas, la presencia o ausencia del celo,
la cercanía de otros animales de su especie y cuánto
tiempo hace que el propio gato o perro pasó por
un lugar determinado.

Los bigotes del gato poseen cuatro tipos
de receptores nerviosos que están implantados en su piel,
a una profundidad tres veces superior que cualquier
otro pelo de su cuerpo.

Olores fuertes y penetrantes que irritan y dañan la nariz
de un perro: ají picante, alcohol antiséptico, cloro, esmalte
para uñas y quitaesmalte, humo de cigarrillo y vinagre.

318

Félix Pando, compositor argentino, adaptó melodías de Beethoven, Chopin y Mozart bajo el título de *Música clásica para perros y gatos*, que pueden descargarse de Internet. Según explicó, lo hizo, primero, para su gatito Aramis y también *"para la felicidad de todos los felinos"*.

319

En el invierno de 2017, en Michigan, Estados Unidos, un hombre resbaló en la nieve y se rompió el cuello. Mientras yacía paralizado, Kelsey, su perro golden retriever, permaneció durante 19 horas acostado encima de él para darle calor. El animal ladró incansablemente hasta que un morador lo escuchó, llegó hasta el lugar y llamó a emergencias. Así salvó la vida de su dueño.

320

El gato atrapa presas que luego, a modo de obsequio, ofrece al líder del grupo. Si se las entrega a un ser humano, quiere que la persona las coma en ese preciso momento. También puede significar que desea ayudar a la persona a sobrevivir.

321

Cuando se lleva un segundo gato a una casa, hay que establecer áreas diferenciadas para que coman, marquen y hagan sus necesidades. Asimismo, el contacto entre ambos felinos debe ser gradual, para que el que ya estaba en el hogar aprenda a compartir un espacio que, hasta ese momento, le era exclusivo.

En 2018, en el Museo de Bellas Artes de Boston,
Estados Unidos, el perro Riley fue entrenado para localizar
plagas de insectos y, así, preservar las obras.

**La mayoría de los gatos aprecia moverse con libertad,
sin ser siempre el centro de atención.**

Las almohadillas de las patas del perro les brindan
flexibilidad, distribuyen el peso del cuerpo sobre cada
uno de los dedos, amortiguan los saltos y les permiten
mantener el equilibrio. Además de proteger los huesos
y las articulaciones de las patas, los aíslan del calor y el
frío y ayudan a regular su temperatura corporal.

Los gatos callejeros suelen agruparse y vivir
en zonas en las que dispongan de espacios para
resguardarse y de fuentes de alimentación cercanas.

El perro Calvo dorado ecuatoriano se caracteriza por
la ausencia casi total de pelo en su cuerpo y cabeza.
Fue el primer can sudamericano replicado por los artistas
precolombinos: figuras de cerámica halladas en Valdivia,
Chile, demuestran su domesticación, ya en el año 4000 a.C.

327

La agresividad territorial es un comportamiento instintivo, habitual en los perros que viven en casas con jardín. Lo manifiestan ladrando y abalanzándose hacia la puerta, las cercas o las paredes.

328

Scooby Doo, el perro del famoso dibujo animado, es de raza Gran danés.

329

La heterocromía es una particularidad genética que puede darse tanto en un perro como en un gato. Se caracteriza por tener cada ojo de un color distinto.

330

El campo visual de los gatos es más amplio que el de los humanos. Cuando un minino caza, su visión se torna selectiva y se desentiende de lo que ocurre a su alrededor.

331

Los bigotes del perro le permiten determinar el tamaño, la forma y el movimiento de los objetos. Poseen folículos con terminaciones nerviosas, que envían información sensorial a su cerebro, y están profundamente incrustados en la piel ubicada por encima de los ojos y rodeando su hocico y mandíbula.

332

Si un gato o un perro lamen o muerden un sapo, hay
que lavarles la boca inmediatamente con agua corriente.
Esto es porque algunas especies de sapos producen una
combinación de sustancias tóxicas que pueden provocarles
una gran irritación en la lengua y la boca y, en algunos
casos, hasta trastornos en el sistema cardíaco y nervioso.

333

Un perro se adapta mejor a la amputación
de una extremidad trasera que a la de uno de
sus miembros delanteros, debido a que carga
más peso sobre estos últimos.

334

**Si las uñas de un gato son visibles cuando está en reposo,
deben ser cortadas.**

335

El perro Canelo y su propietario vivían en las calles
de Cádiz, España, alimentándose gracias a la solidaridad
de los vecinos. Cuando el hombre murió, Canelo
se quedó en la puerta del hospital, esperándolo,
durante 12 años. En 2002 falleció y el ayuntamiento
de la ciudad ordenó construir una placa en su honor.
Hoy, una calle lleva su nombre.

336

Cuando surgieron los primeros cuerpos de bomberos, en los siglos XVIII y XIX, los dálmatas comenzaron a integrar las cuadrillas, vigilando los carruajes y las instalaciones. A falta de sirenas, despejaban las calles con sus ladridos, para que los bomberos pudieran avanzar con sus caballos.

337

François-Augustin Paradis de Moncrif, escritor y poeta francés, redactó, en 1727, *Historia de los gatos*, una serie de cartas donde narraba historias de mininos y su lugar en el arte, la mitología y la sociedad. Fue un éxito de ventas.

338

Cuando un gato está aburrido y no encuentra un modo de entretenerse, suele pasar más tiempo durmiendo.

339

Tably es una app que permite detectar cuándo un gato está padeciendo alguna dolencia. Utiliza la cámara del móvil para analizar su expresión facial y, así, determinar su estado de salud.

340

Un gato puede jugar con cualquier objeto del hogar que despierte su curiosidad y represente un desafío para sus sentidos.

El perro Pila argentino es una raza canina semejante a
la xoloitzcuintle y a la del perro sin pelo peruano. En la
época colonial se lo valoraba por su piel caliente, por lo que
era utilizado para templar las camas y como almohadilla
terapéutica, sobre todo, en ancianos con reumatismo.

Las papilas de la lengua del gato son como
diminutas espinas puntiagudas que están arqueadas
en una misma dirección. Le permiten eliminar
las pulgas y mantenerse limpio.

Los perros, por ser animales de manada, suelen aceptar
con rapidez a un nuevo miembro de la familia. Los felinos
son más territoriales y la incorporación de un perro al
hogar pueden considerarla amenazante. A un gato que
ha sido perseguido o mordido por un perro le costará
sobreponerse al miedo. Si un can ha conocido las garras
de un gato, pondrá mucha resistencia para aceptarlo.

En agosto de 2021, Mochimaru llegó a ser el gato más visto
de YouTube, con más de 619 millones de visitas. Su cuenta,
Mochimaru, mostraba la rutina diaria de este gato japonés
y tenía 1.400.000 suscriptores.

345

Cuando un perro galgo corre, pasa hasta
el 75 % del tiempo en el aire.

346

Por lo general, la cola de los perros posee 23 vértebras
móviles, pero algunas razas de rabos más cortos
pueden tener solamente 6.

347

Laika fue la primera perra espacial y también el primer
animal que murió estando en órbita. Su nombre original
era Kudryavka ("pequeña de pelo rizado") y, en noviembre
de 1957, circunvaló la Tierra a bordo de la nave Sputnik II,
de la desaparecida Unión Soviética.

348

El cimarrón es un gato sin dueño que vive a la intemperie.
Su contacto con los humanos es prácticamente nulo,
razón por la cual es muy difícil de domesticar.

349

La pérdida repentina de la visión en el perro no siempre
es detectable, ya que, con frecuencia, el aspecto externo
del ojo suele parecer normal. Se revela cuando el animal
se muestra desorientado, choca contra los objetos de la
casa y presenta problemas para comer y beber.

350

Nelson, el gato atigrado de Winston Churchill, primer ministro británico durante la Segunda Guerra Mundial, asistía a las reuniones del Consejo de Ministros y se sentaba en una silla especialmente colocada para él.

351

Perros y gatos poseen un tercer párpado, llamado membrana nictitante, que protege sus ojos de objetos extraños y segrega un líquido, con propiedades antisépticas, que rechaza la presencia de bacterias y microorganismos.

352

Creme Puff fue una gata que alcanzó una edad de 38 años y tres días. Su congénere, Tiffany Two, también resultó longeva: llegó a vivir 27 años.

353

Arthur fue un perro callejero ecuatoriano, que se unió al combinado sueco de deportistas extremos, cuando estos compitieron en el Mundial de Aventura Huairasinchi, en 2014. Posteriormente, el equipo creó la Arthur´s Foundation, para rescatar a los perros callejeros de Ecuador.

354

En promedio, las gatas viven más que los machos.

Para los perros que son ansiosos al comer, existen comederos especiales. Tienen relieves, formas de espiral o de laberinto para dificultarles su llegada al alimento y lograr que puedan masticar y digerir mejor.

Doris Lessing, ganadora del Premio Nobel de Literatura, en 2007, escribió el libro *Gatos Ilustres*, donde rinde tributo a los gatos que pasaron por su vida. Según ella *"Un gato es un auténtico lujo... lo ves caminar por tu habitación y en su andar solitario descubres un leopardo, incluso una pantera"*.

Los perros que son veloces al correr suelen tener una cola más fina y larga, en relación al resto del cuerpo. El rabo los ayuda a equilibrar el peso, cuando hacen un giro cerrado o cuando cambian de dirección en plena carrera.

El perro Rottweiler puede llegar a tener una potencia de mordida de unos 1.500 kilos.

Los rascadores de gatos deben proveer estabilidad, para que el animal no se tambalee y se sienta seguro al usarlo. Su superficie no debe dejar residuos en las garras del minino y su altura no puede ser inferior a los 40 o 45 centímetros, para que el felino se pueda estirar.

360

El perro Pickles se hizo conocido por recuperar
el trofeo Jules Rimet (premio que precedió a la actual
Copa del Mundo), que fuera robado antes de comenzar
el Mundial de Fútbol de 1966, en Inglaterra. Pickles lo
encontró envuelto en un periódico, cuando paseaba con su
dueño por un jardín de Londres. La selección inglesa ganó
el torneo y Pickles fue invitado a la celebración. Se le
permitió lamer los platos después de la cena.

361

Los perros y, aún más los gatos, son muy sensibles
a la intoxicación por teobromina, alcaloide generado
por el árbol de cacao. Puede afectarles el corazón,
el sistema nervioso y los riñones.

362

**Los perros les prestan más atención a los humanos
cuando les hablan pausadamente y con dulzura.**

363

Una pareja de conservacionistas, Dereck y Beverly
Joubert, afirmó en su documental *Alma felina* que
*"los gatos son capaces de pensar, de crear e imaginar.
Lo que hace tu gato, cuando salta sobre un ratón de juguete,
es imaginar al real y para imaginar tienes que ser creativo"*.

364

Boo fue un perro pomerania que se hizo famoso cuando, en 2010, la cantante Kesha anunció, en un tuit, que tenía un nuevo novio y copió el link del Facebook del animalito. En 2012, la aerolínea Virgin America lo designó enlace oficial de mascotas y publicó folletos con fotos suyas en una aeronave, junto a sugerencias para los pasajeros que viajan con animales.

365

En 2021 un joven tailandés, Lomphonten Lomphontan, descubrió, gracias a la cámara oculta que había instalado en su cuarto, que cuando dormía profundamente su gato usaba su cara como almohada hasta casi asfixiarlo.

366

En el año 456 a.C., 50 perros entrenados custodiaban la ciudad griega de Corinto, para advertir a la población ante una eventual invasión. Los persas intentaron asaltar la metrópoli y mataron a 49 de los canes; solo uno, Soter, consiguió escapar y alertar a los corintios, que lograron repeler el ataque. En reconocimiento, le regalaron un collar de plata y erigieron una estatua en su honor y en el de los perros que murieron esa noche.

367

En Argentina, hay más de siete millones de perros y gatos callejeros.

368

**Los perros comienzan a mover su cola a partir
de las dos semanas de vida.**

369

Nipper, un perro inglés, fue el modelo de la pintura
La voz de su amo, realizada por Francis Barraud. Esa
es la icónica imagen del perro junto a un gramófono
utilizada por la compañía discográfica RCA Victor.

370

Brillant era el gato Angora blanco del rey de Francia,
Luis XV. Tenía derecho a asistir al Consejo y los cronistas
. de la época lo describieron como el "colega" del monarca.

371

En 2012, Miau, un gato obeso, captó la atención mundial
luego de que, a fin de que lo adoptasen, un albergue
de animales anunció que lo sometería a una dieta para
adelgazar. Sin embargo, falleció dos semanas después
de ingresar al refugio; pesaba 18 kilos.

372

Muchas de las enfermedades infecciosas
que ponen en peligro la vida de perros y gatos
podrían prevenirse desparasitándolos regularmente
y cumpliendo el esquema de vacunación.

373

Chonino fue el primer ovejero alemán de la Policía
Federal Argentina caído en acción. El 2 junio de 1983,
se abalanzó sobre un malhechor y recibió un disparo
letal. En su mandíbula se halló un trozo del abrigo del
delincuente, con los documentos que lo identificaban.
Gracias a eso, el agresor y su cómplice fueron apresados.
Por todo esto, cada 2 de junio, en Argentina se
conmemora el Día Nacional del Perro.

374

Según una leyenda hebrea, Noé subió al arca
una pareja de cada especie animal, excepto gatos,
porque en esa época no existían. Durante el Diluvio
Universal, los ratones comenzaron a devorarse las
provisiones, por lo que Dios ordenó acariciar tres
veces la cabeza del león. Noé así lo hizo y el león
estornudó, expulsando por su nariz a una pareja de gatos,
que a las horas había solucionado el problema.

375

**Un perro joven suele llorar cuando extraña a su madre
y a sus hermanos.**

376

El actor inglés Tom Hardy va a los estrenos de sus
películas y a los festivales internacionales de cine con
sus perros rescatados. Suele posar con ellos para las fotos.

377

El gato de bodega es un mestizo que mora en bares, restaurantes y tiendas como control de plagas. En Nueva York son animales muy apreciados: sus seguidores son clientes que asisten regularmente a los locales que los albergan, solo para mimarlos y darles comida.

378

Las pupilas dilatadas indican que un gato está asustado y que puede tornarse agresivo.

379

La natación tonifica la musculatura del perro y fortalece sus huesos y articulaciones. Además, todos los perros mueven instintivamente las patas para no ahogarse.

380

Mademoiselle Fifi fue la gata del aviador estadounidense John Moisant, quien en agosto de 1910 piloteó el primer vuelo sobre el Canal de la Mancha con un pasajero. En diciembre de ese mismo año, Moisant murió en Nueva Orleáns y los periódicos publicaron una foto de Fifi en el funeral, vestida de luto.

381

Las razas pequeñas de perros suelen sufrir apiñamiento dental: sus dientes se encuentran demasiado apretados o amontonados.

382

Nora fue una gata que saltó a la fama al difundirse un video en YouTube en el que tocaba el piano con sus patas y cabeza. Inspiró al compositor lituano Midaugas Pecaitis, a crear el concierto de cuatro minutos denominado *CATcerto*. Una orquesta de Lituania lo interpretó en vivo, con el popular video de fondo.

383

En 2005, Emily, una gata estadounidense, se quedó tres semanas encerrada en un contenedor de papeles que viajó desde los Estados Unidos a Francia. Fue hallada sana y, gracias a la chapa de identificación que colgaba de su cuello, los franceses pudieron regresarla a su hogar.

384

El perro posee una capacidad numérica elemental y puede distinguir entre el 1, el 2 y el 3.

385

Un gato de raza Maine coon, que come en exceso y lleva una vida excesivamente sedentaria, puede llegar a pesar hasta 12 kilos.

386

El enanismo, en los gatos, es producto de una mutación genética. Afecta a sus huesos y cartílagos, lo que genera que sus patas sean notablemente cortas.

387

La mayoría de las razas caninas actuales fueron creadas
por el ser humano hace, apenas, unos 300 años atrás.

388

En 2014, Sako, un perro de raza King sheperd, cuidó
durante 40 horas a su dueño, un joven que había resultado
gravemente herido en un accidente automovilístico del
que había sido el único sobreviviente. El animal lo llevó
a un arroyo a beber, ahuyentó a los coyotes y lo cubrió
para darle calor hasta que los rescataron. Al año siguiente,
ingresó al Salón de la Fama de los Animales, de Purina,
por su acto de heroísmo.

389

El gato Trim viajó por el mundo con su dueño,
Matthew Flinders, navegante y cartógrafo inglés que
a principios del siglo XIX identificó a Australia como
continente. En 1996, el escultor John Cornwell le hizo
una estatua de bronce con una placa en la que escribió:
*"En memoria de Trim, el mejor y más ilustre de su raza,
el más cariñoso de los amigos, más fiel de los sirvientes
y la mejor criatura. Hizo una gira por el mundo y un viaje a
Australia, la cual circunnavegó, y siempre fue una delicia
y placer para sus compañeros de viaje"*.

390

Cuando hace calor, los perros suelen cavar pozos
para echarse sobre la tierra fresca.

391

El gato momificado del Museo Ure, en Inglaterra,
posee la cabeza y el cuello de un gato doméstico,
embalsamado en el Antiguo Egipto. Fue descubierto
a finales del siglo XIX y es exhibido dentro de
un frasco de vidrio.

392

El aullido es una señal de advertencia que hace el perro
cuando se siente amenazado por un depredador o para que
una persona u otro perro se alejen, si detecta que invaden
su territorio. También aúlla cuando permanece muchas
horas solo en la casa, especialmente si es un cachorro, para
exteriorizar ansiedad por la separación con su dueño.

393

Chase No Face fue una gata de terapia con
el rostro desfigurado, tras ser atropellada de cachorra,
por un auto. Cuando fue adoptada, comenzó a visitar
hospitales y escuelas para asistir a quienes estuviesen
padeciendo lesiones deformantes. En su blog se la
presentaba con la siguiente frase: *"Soy una gatita feliz
y espero ayudar a otros seres humanos a que se sientan
igual de bien consigo mismos y a darse cuenta de que
no todo el mundo se ve perfecto y eso está bien"*.

394

**A los perros les gusta disponer de un espacio propio
donde retirarse a descansar, tranquilos y seguros.**

395

Muchos gatos no reconocen el peligro de cruzar una calle y se lanzan a la carrera sin mirar hacia los lados. Por esta razón, son atropellados y pueden sufrir graves lesiones.

396

Muchos perros con pelaje fino pueden sentir frío, incluso si la temperatura ambiental es de 15°. Esto puede provocar que se enfríen con mayor rapidez y manifiesten temblores.

397

Desde 2022, en Manchester, Inglaterra, funciona el primer cine para perros. La entrada incluye snacks para ellos, el sonido de los filmes es más bajo, para no dañar sus oídos, y la iluminación está regulada, para no sobreexcitarlos. Cada lunes, los canes pueden ingresar a la sala, acompañados por sus propietarios, y disfrutar de filmes como *La dama y el vagabundo* y *Bolt*.

398

Según las circunstancias, los gatos pueden comportarse como una especie asocial, parcialmente social o completamente social.

399

La bióloga Sara Hall, de la Universidad de Southampton, en el Reino Unido, expresó que *"los gatos prefieren los juguetes pequeños antes que los grandes"*.

400

El shiba inu es una de las pocas razas antiguas
que aún existen en el mundo. Sus ancestros provenían
de perros salvajes del sur de China y aparecieron
en Japón alrededor del año 2000 a.C.

401

Dog´s Life es un videojuego de acción
y aventura para PlayStation 2. Los jugadores
pueden controlar 15 razas caninas, cada una con
particularidades y habilidades distintas,
que interactúan con otros perros.

402

Félicette es el único gato que viajó al espacio.
El 18 de octubre de 1963, Francia la lanzó en un vuelo
de 13 minutos, que alcanzó una altura de 151 kilómetros
e incluyó 5 minutos sin gravedad. Regresó a la Tierra
sana y salva. Años más tarde, se editaron sellos
de correo con su imagen.

403

Indiana, el perro Alaskan malamute de George Lucas,
creador del filme *La guerra de las galaxias* (1977), fue
su inspiración para recrear el personaje de Chewbacca.
También le dio su nombre al protagonista de otra película
de Lucas: *Indiana Jones*.

404

El ragamuffin es una raza gatuna capaz de alcanzar los 14 kilos de peso.

405

El Día de Llevar tu Perro al Trabajo se estableció en el Reino Unido, en 1996, y luego se adoptó en Estados Unidos, Canadá, Australia y Nueva Zelanda. Se trata de que, un viernes de verano, los empleados públicos lleven a sus perros a su lugar de trabajo, para que socialicen con sus compañeros y eso los anime a adoptar un can.

406

Las aventuras de Rin Tin Tin fue una serie estadounidense, de 1954, protagonizada por varios perros de raza Pastor alemán. Uno de ellos dejó su huella estampada en el Paseo de la Fama de Hollywood.

407

La pica es un trastorno alimentario que afecta a perros y gatos. Se caracteriza por la necesidad de ingerir elementos y sustancias que no son comestibles.

408

Tashirojima Aoshima es una isla japonesa también conocida como "La isla de los gatos". Se estima que la población gatuna asciende a 150 ejemplares, lo que supera a la de residentes humanos en una proporción de 3 a 1.

409

Según Anne Burrows, de la Universidad de Pittsburgh,
Estados Unidos, los músculos de los perros evolucionaron
para favorecer la comunicación con los humanos.
Esto se puede advertir en el intercambio de miradas,
algo que no se observa en otros mamíferos domesticados,
como los gatos o los caballos.

410

En 2019, un estudio, del que participaron 4 millones
de personas de distintos países de América del Norte
y Europa, descubrió que tener un perro reduce el 24 %
de las muertes prematuras. Entre quienes habían sufrido
un ataque al corazón o un derrame cerebral, la compañía
de un can les disminuía, en un 31 %, las posibilidades
de morir a causa de enfermedades cardiovasculares.

411

**La raza de un perro no define tanto su personalidad,
como la educación que recibe y el entorno en el que vive.**

412

Milú era el fox terrier de pelo duro que acompañaba, en
sus andanzas, al personaje principal de la historieta *Las
Aventuras de Tintín*, creada por Hergé en 1929. Su nombre
devenía de "Milou" apodo que el creador del cómic le había
puesto a su primera novia, Marie-Louise Van Cutsem.

413

Hello Kitty es la franquicia creada en 1974 por
la empresa japonesa Sanrio, a partir de un personaje
ficticio. Se trata de una gata bobtail blanca, que posee
un lazo rosa en su oreja izquierda. Fue diseñada sin boca,
para que no exprese sus sentimientos y que, la persona
que la mire, plasme en ella su propio estado de ánimo.

414

Jean, también conocida como "Vitagraph Dog" fue una
perra collie que, entre 1908 y 1913, protagonizó películas
mudas que llevaron su nombre: *Jean y la muñeca calicó,
Jean y la niña abandonada* y *Jean va de pesca*. Era tan
famosa como las estrellas de su época.

415

Doga es la unión de las palabras yoga y *dog*. Creado por
una instructora estadounidense, Suzi Teitelman, consiste
en la combinación de posturas de yoga para los humanos
y de masajes para los perros. El objetivo es compartir
un momento juntos, reforzar el vínculo y mejorar el
bienestar de ambos, tanto físico como emocional.

416

El lenguaje corporal de los gatos es esencial para
interpretar cada uno de sus maullidos. Cuando vocalizan,
se acompañan de ciertas posturas y gestos faciales que
revelan lo que sienten en ese momento.

Cuando están frente a frente, los gatos se comunican entre sí mediante posturas corporales y movimientos que hacen con sus cabezas, orejas y colas. Algunos son tan sutiles, que suelen resultar imperceptibles para los humanos.

El cerebro de los gatos está altamente preparado para que sobrevivan como cazadores solitarios, desde temprana edad.

Un perro de Flandes es una novela de 1872, escrita por la inglesa Marie Louise de la Rameé. Relata la vida de Nello y su perro Patrasche en Amberes, Bélgica, y tiene un final trágico. En Corea y en Japón se convirtió en un clásico infantil y fue adaptado al animé y al cine. En 1980, el gobierno belga erigió dos monumentos en honor a la novela para complacer a los turistas asiáticos.

La ciencia no tiene una explicación definitiva sobre el ronroneo del gato. Algunos investigadores consideran que se relaciona con la circulación de la sangre por la vena cava inferior. Otros afirman que se origina en los músculos de la laringe, que al moverse, dilatan y contraen la glotis, provocando que el aire vibre cada vez que el gato inhala o exhala.

421

La antigua escuela filosófica griega cínica debe su nombre
a la palabra griega *kyon*, que significaba "perro". Sus
seguidores aspiraban a emular la frescura y sencillez de
los perros, como así también su determinación
por seguir fielmente su camino.

422

**Los perros criados con gatos pueden preferir la presencia
de estos, en lugar de otros de su propia especie.**

423

Si tenemos un gato mayor y adoptamos
un cachorro, no tendrán las mismas ganas de jugar.
El mayor querrá tranquilidad y podría sentirse acosado
por los embates del más joven.

424

En 2017, durante una noche helada en Michigan,
Estados Unidos, Peanut, un perro de rescate que sufrió
graves abusos antes de ser adoptado, comenzó a aullar y
ladrar. Así alertó a su dueño, que lo siguió hasta una zanja
donde halló a una niña de 3 años, en mal estado de salud.
Cuando llegaron los socorristas, la pequeña solo decía:
"perrito". Una investigación posterior reveló que
los padres no le brindaban los cuidados adecuados,
por lo que la niña fue retirada de su hogar.

425

El primer paso para que un gato o perro hagan una dieta para perder peso es que, quienes participan en su alimentación, acepten y comprendan su problema de obesidad y se comprometan a cumplir con el objetivo.

426

En 2016 murió Maggie, una perra Pastor australiano que vivió casi 30 años. Está considerada como el can más viejo de la historia, pero de manera extraoficial, porque su dueño perdió la documentación que certificaba su nacimiento.

427

La hiperestesia felina o síndrome del gato nervioso, es un trastorno en el que el minino siente como si algo en su piel lo estuviera atacando y, para librarse de eso, comienza a lamer exageradamente su pelaje. También puede automutilarse la cola, y comer y saltar de un modo exacerbado.

428

La acumulación diaria de sarro en la boca del perro provoca que las bacterias formen una placa dental que lo predispone a padecer enfermedades periodontales. Previa consulta a un veterinario, se le puede cepillar los dientes en sesiones de no más de dos minutos, para que no se aburra y se niegue a continuar el tratamiento.

429

Los gatos suelen ser muy activos a partir de los tres meses
de vida. Si viven en el interior de una vivienda
sin compañía de otros gatos, se aburrirán y jugarán
con todo lo que encuentren a su alcance.

430

Los chow chow no son perros sociables ni extrovertidos.
Por el contrario, pueden ignorar a los humanos de
su hogar durante mucho tiempo.

431

En 1899, los fisiólogos suizos Jean Louis Prevost
y Frederic Batelli demostraron que también podía
usarse el desfibrilador para restablecer el ritmo normal
del corazón de un perro.

432

Para que un gato sea feliz, hay que procurarle espacio
suficiente para que merodee por el hogar.

433

Ginga Densetsu Weed es una serie de anime/manga
que destaca el valor de la amistad, la lealtad y la valentía.
Trata sobre Weed, un perro mestizo que, luego
de quedar huérfano por la muerte de su madre,
Sakura, decide cumplirle su última voluntad
y sale a buscar a Gin, su padre.

434

En 2021, en Japón se realizó la exposición *Arquitectura para perros*. Con diseños elaborados por 16 equipos de arquitectos y diseñadores, fue ideada con el fin de brindarles a los canes *"mayor comodidad y felicidad"*.

435

Cuando se va a buscar a un gato perdido no se deben llevar otras mascotas, porque el animal puede asustarse y alejarse aún más.

436

Para evaluar la obediencia de un perro se tienen en cuenta diversas habilidades, pero hay dos relevantes que determinan su docilidad: la facilidad para aprender nuevos comportamientos y la capacidad para entender señales comunicativas humanas emitidas con la mirada o con los dedos.

437

La etapa en la que más aprenden los gatos abarca desde el nacimiento hasta las 12 semanas de edad.

438

Si un gato queda solo en la casa, una simple luz encendida puede serle útil para que vea sin problemas en la oscuridad y para mantenerlo activo, especialmente por la noche.

439

Cepillarles los dientes a los gatos adultos, 2 o 3 veces por semana, preserva su salud bucal. Pero, si nunca han sido sometidos a una rutina de limpieza dental, el cepillado puede llegar a asustarlos e, incluso, ponerlos agresivos.

440

El análisis de los genomas completos de 58 perros y lobos, de todo el mundo, determinó que la domesticación de los canes tuvo lugar en el sudeste asiático hace unos 33.000 años.

441

El cáncer de próstata afecta tanto a humanos como a perros.

442

Una encuesta a veterinarios de Estados Unidos y Canadá reveló que la intoxicación de perros y gatos por ingestión accidental de cannabis aumentó en los países donde se legalizó. Los efectos incluyeron: aumento de la sensibilidad de los sentidos, desorientación, incontinencia urinaria, letargo, movimientos anormales o descoordinados y ritmo cardíaco más lento.

443

Olivia Benson, la gata de la cantante Taylor Switf, acumuló más de 100 millones de dólares como modelo de grandes marcas mundiales.

444

En la batalla de Pelusio (año 525 a.C.), en el Bajo Egipto,
Cambyses II de Persia derrotó a las tropas del faraón
Psametik III. Conociendo el amor de los egipcios por
los gatos, Cambyses hizo que sus hombres atraparan
a una gran cantidad de ellos y los sostuvieran en
sus brazos mientras marchaban contra la ciudad.
Los egipcios no presentaron pelea; se rindieron
por miedo a dañar a los felinos y, quizá, a la pena
de muerte si mataban a uno de esos animales.

445

En 1990, Graham Nuttall desapareció mientras caminaba
junto a su perro, Ruswarp, por la ladera de una montaña,
en Gales. Once semanas después, un excursionista
descubrió el cuerpo sin vida del hombre y a Ruswarp,
que había montado guardia junto a su dueño durante
todo ese tiempo. El perro, de 14 años, estaba muy débil
y murió poco después del funeral de Nuttall.

446

El paladar negro de un perro no indica pureza ni falta
de ella. Hay perros mestizos que lo tienen pigmentado
y perros de raza que no lo tienen.

447

**Los gatos más sensibles al frío son los que poseen
menos pelo y los que tienen más de siete años.**

448

Los perros fueron los primeros animales en recibir una inyección intravenosa.

449

Fragmento del tema musical *Blues del perro*, del cantante y guitarrista argentino, Pappo: *"Es mi perro, el más perfecto. Cuando voy a la estación, no hay problema; es un perro. Mira a la gente, mira y no entiende a esas personas, que aparentan estar en California. En noches de siete lunas vamos lejos de viaje, no sé dónde, igual es correcto. Mira y no entiende cómo los humanos se comen entre sí.".*

450

Según investigadores de la Facultad de Ciencias Veterinarias de la Universidad Nacional de La Plata, Argentina, *"muchas personas desconocen que, en sus jardines, existen plantas que pueden provocar intoxicaciones de gravedad variable en perros y gatos"*.

451

Max fue el primer perro doméstico en ser distinguido con la Orden de Mérito animal, que otorga la organización británica PDSA, por su labor e impacto positivo en la salud mental. En 2006, ayudó al inglés Kerry Irving a superar la depresión sufrida por un accidente automovilístico, que lo dejó sin caminar, y lo motivó a ponerse de pie para retomar sus actividades. Su popularidad permitió recaudar más de 420.000 dólares en eventos de caridad.

452

Durante el período precolombino, en la zona andina de Sudamérica habitó el jinchuliwi, un perro de tamaño entre mediano y grande, orejas colgantes y cola larga. También vivieron el pastu, de orejas paradas; el ñañu, de patas cortas, y el *c" huśi anuqara*, que era muy peludo.

453

El Museo del Hermitage, en San Petersburgo, Rusia, posee una de las mayores colecciones de cuadros y antigüedades del mundo. En 1714, la emperatriz Isabel I instruyó para que llevaran gatos al museo, porque el edificio tenía ratas. Así, desde el siglo XVIII hay gatos en el Hermitage, aunque los actuales tienen tres cuidadores especiales y un secretario de prensa.

454

Consejos para celebrar el cumpleaños de un perro: el festejo no debe durar más de una hora; hay que elegir un lugar en el que los canes estén cómodos y puedan hacer sus necesidades; hay que colocar recipientes con agua fresca en diversos puntos para mantener a todos los perros hidratados; los dueños deben estar pendientes de sus mascotas para evitar situaciones incómodas entre los invitados.

455

Si miramos a los perros a los ojos continuamente, esperarán constantemente algo de nosotros.

456

Los perros son venerados por el hinduismo durante
el *Tihal*, festival de cinco días que se realiza en Nepal,
entre octubre y noviembre de cada año. Allí, los canes
son agasajados con guirnaldas de flores y con todo tipo
de golosinas y comidas: carne, huevos y platos de alta
cocina preparados especialmente para ellos.

457

Cualquier patología que perturbe el sentido del olfato
o del gusto de un gato puede repercutir en su apetito.

458

En el horóscopo maya, el signo del perro abarca desde
el 4 de abril al 1° de mayo. Según esta creencia, los nativos
de este signo son solidarios y entregados a los demás.

459

El término coloquial inglés *puss* o *pussy*, para denominar
a un gato, deriva de la palabra *Pasht*, otro de los nombres
asignados a la diosa egipcia Bastet.

460

En febrero de 1665, los británicos Richard Lower
y Edmund King practicaron la primera transfusión
de sangre entre perros.

461

El gato con botas, cuento recopilado por el francés
Charles Perrault, está tomado de un relato popular indio,
el *Panchatantra*, del siglo V a.C.

462

En 2022, en el Hospital Reina Sofía, de Córdoba, España,
se implementó el programa Terapia Asistida con Animales
en un grupo de adolescentes con trastornos alimentarios.
El fin fue comprobar la importancia de la interacción de
los pacientes con perros entrenados para fomentar
la autoestima y el refuerzo positivo.

463

En 1946, Carolyn Swanson, una californiana
que había quedado ciega, apareció en los periódicos locales
con Baby, su gato lazarillo, al que había entrenado
para guiarla por su vecindario.

464

San Guinefort fue el nombre dado a un perro venerado
como santo, en Lyon, Francia, entre los siglos XIII y XX.

465

La Unión Europea autorizó el uso de proteínas
de insectos en la fabricación de alimentos para gatos
y perros. En el Reino Unido ya se vende uno compuesto
con hasta un 40 % de proteínas de insectos.

466

Estudios genéticos indican que el perro llegó a América, junto con los seres humanos, por el estrecho de Bering, hace 11.000 o 16.000 años atrás. Sin embargo, los primeros registros arqueológicos, encontrados en el hemisferio norte, demuestran que ingresaron hace 9.000 o 10.000 años.

467

El shar pei es una raza de perros oriunda de China. En sus orígenes era utilizado como guardián de las tumbas.

468

En 2021, Baekgu se convirtió en el primer perro de rescate honorario de Corea del Sur, luego de salvar a su dueña, de 90 años, de morir por hipotermia. Ambos se perdieron en un campo de arroz durante un día muy frío. A medida que avanzaba la noche, el tiempo empeoraba, por lo que Baekgu se pegó a la mujer para darle calor.

469

San Roque, el patrono de los perros, recorrió Italia asistiendo a los infectados de peste bubónica. Contrajo la enfermedad y se refugió en un bosque, donde un perro le acercaba el pan que le robaba a su dueño. Un día, el hombre, tras seguir a su mascota, encontró a Roque enfermo y lo ayudó a curarse las llagas. Ya recuperado, el santo regresó a la ciudad y sanó a personas y, también, a animales.

En Lauscha, localidad alemana de larga tradición vidriera,
se han fabricado durante décadas adornos con distintos
motivos de gatos, para colgar en los árboles de Navidad.

En América existen dos razas caninas que
no conservaron sus formas puras: una de patas cortas,
la tlalchichi, y el perro común mexicano o Itzcuintli.

**Es probable que una interacción cariñosa dure más
si es empezada por el gato y no por la persona.**

Un gato puede percibir si nos interesa algo
que hacemos o miramos y, de alguna forma,
quiere ser parte de eso que valoramos.

En lo que fue la ciudad-Estado de Isin, en la Mesopotamia
asiática, se construyó el templo *é-ur-gi 7 -ra* cuyo nombre
se traduce como "la casa del perro" . Algunos historiadores
señalan que en esa época (alrededor de 2300 a.C.)
se les rendía culto a los canes.

475

En el escudo de armas del Yukón, territorio
de Canadá, aparece un perro Malamute de Alaska,
de pie sobre un montículo de nieve.

476

Investigadores de la Universidad de Sofía, en Tokio,
Japón, determinaron que los gatos reconocen su nombre
y lo pueden diferenciar de otras palabras de igual longitud
y entonación, incluso si lo pronuncia una persona
desconocida para ellos.

477

El yagán, también llamado perro fueguino, vivió con los
pueblos yaganes y selknam en la isla Grande de Tierra del
Fuego, en el extremo sur de Sudamérica. El naturalista
inglés, Charles Darwin, en su libro *El viaje del Beagle* relató
que era utilizado para cazar nutrias.

478

El perro y el trozo de carne es una fábula atribuida
a Esopo, escritor de la Antigua Grecia, cuya historia
dice así: *"Había una vez un perro que llevaba un trozo
de carne en la boca. Al cruzar un río vio reflejada en
el agua la sombra de la carne que llevaba. Pareciéndole
que el trozo reflejado en el agua era mayor que el que llevaba,
abrió la boca para atrapar la sombra, arrojando el que realmente
portaba y quedándose sin ninguno de los dos"*.

479

Cuando la temperatura interna del gato oscila
entre 35° y 37,5° tiene hipotermia leve. Si está por debajo
de los 32°, sufre un cuadro de hipotermia grave.

480

En las extremidades de los perros hay huesos planos,
como la escápula o la cadera. Sus superficies anchas
permiten la inserción de grandes masas musculares,
a la vez que protegen los tejidos blandos.

481

**En México, cerca del 38 % de los hogares que poseen
animales de compañía tienen, al menos, un gato.**

482

En idioma maorí, kurī es el nombre del extinto
perro de la Polinesia. Según la mitología de ese pueblo
neozelandés, el semidiós Māui convirtió a Irawaru,
marido de su hermana, en el primer perro. Este can
desempeñó un papel importante en la tradición y ritos
maoríes, por ejemplo, al invocar, antes de una batalla,
la ayuda de Tu, el dios de la guerra.

483

En 2014, Derby, un perro que nació sin sus patas delanteras,
se convirtió en el primer can en recibir una prótesis
realizada con una impresora 3D.

484

Los gatos se estresan y pueden manifestar miedo
o nerviosismo con las mudanzas y los cambios
en su entorno. Por lo general, tardan entre 7 y 10 días
en adaptarse a un nuevo hogar.

485

Los mayas consideraban que los perros, por su
incondicionalidad, eran guardianes y buenos compañeros.
Debido a esto, creían que eran ideales para guiar a
las almas al Xibalbá, mundo subterráneo regido por las
deidades de la enfermedad y de la muerte.

486

**En 91 países, las publicaciones sobre gatos en Instagram
son más populares que las de perros.**

487

La criadora californiana Judy Sudgen con el fin
de concientizar a la sociedad sobre la necesidad de
preservar a los tigres, creó la raza gatuna Toyger,
que tiene el aspecto de un tigre en miniatura.

488

Si un perro adopta la costumbre de dormir en la cama de
sus dueños, la tomará como su lugar habitual de descanso
y será muy difícil hacerle abandonar ese hábito.

489

Según un cuento persa, el gato fue creado mágicamente.
El héroe persa, Rustum, salvó la vida de un mago,
quien, a modo de recompensa, le preguntó qué deseaba.
Rustum le dijo que ya tenía todo: el calor del fuego,
el olor del humo y el encanto de las estrellas. El hechicero
bajó entonces dos estrellas, las amasó junto a una porción
de humo y les añadió una llamarada. Luego abrió
sus manos: contenían un gatito gris como el humo,
con ojos brillantes como las estrellas y una pequeña
lengua, semejante a la punta de una llama.

490

Si al perro no se lo saca a pasear al menos dos veces
al día, es posible que haga sus necesidades dentro de la
casa. En el caso de que se aguante muchas horas, puede
llegar a desarrollar algún problema urinario.

491

**Cuando un gato se resfría, sus síntomas son:
mucosidad nasal, estornudos y ojos enrojecidos.**

492

El hiperapego es un trastorno que se genera cuando el perro
construye un vínculo exageradamente estrecho con su
compañero humano. Desarrolla una dependencia excesiva
que puede deprimirlo cuando su dueño no está.

493

Cuando llega un bebé a la familia, no es aconsejable mudar el lugar de descanso del perro. Si no hay otra solución, es mejor efectuar ese cambio con la máxima antelación posible para que el animal no lo asocie con la llegada del recién nacido.

494

Al gato, todo aroma extraño en su cuerpo le resulta repulsivo y lo incita a acicalarse de inmediato para preservar su propio olor.

495

Para el zoroastrismo (religión de alrededor del año 1600 a.C., basada en las enseñanzas del profeta Zarathustra) el perro era un ser benéfico, justo y limpio, que debía ser bien atendido. Profesaba la idea de que, al morir, el alma humana permanecía cerca de su cuerpo durante tres días y, como creía que el perro poseía virtudes espirituales, se lo ponía a custodiar al difunto para espantar a los malos espíritus y protegerlo mientras los dioses evaluaban la vida del fallecido.

496

En los gatos, los tonos crema se ven como un color diluido. Provienen del rojo o naranja de su pelaje primario.

497

La Gatoteca, en Madrid, España, es un café donde
los clientes, además de beber y disfrutar de un espacio
rodeado de gatos, tienen la oportunidad de adoptarlos.

498

A los perros mayores de 10 años les cuesta
más asimilar los procesos de aprendizaje, pero eso
no significa que no puedan aprender cosas nuevas.

499

Los perros de ciudad tienen hasta el doble
de probabilidades de contraer enfermedades producidas
por el calor, que los que viven en otras regiones.

500

Un estudio de 2014, aparecido en la revista *Current
Biology*, determinó que los perros exhiben más
actividad cerebral ante los tonos de voz positivos
que frente a los negativos.

501

Los gatos les tienen pánico a los pepinos. Para Jill
Goldman, conductista animal de California, Estados
Unidos, se trata de un miedo genético que los lleva
a evitar el contacto con objetos alargados y delgados
porque, posiblemente, los confundan con una serpiente.

502

El jakalteko fue un pueblo maya del interior
de Guatemala. Según sus creencias, el primer perro, tras
ser testigo de la creación del mundo, corrió por todos lados
para contar los secretos de lo que había visto. Enojado, el
dios creador Hunab Kuh intercambió la cola con la cabeza
del animal. Por eso, cuando un can quiere revelar una
confidencia, en lugar de hablar, mueve la cola.

503

**El gato siamés suele esperar en la puerta al integrante
de su familia humana que está por llegar a la casa.**

504

Los perros tienen, en sus patas, huesos sesamoideos.
Están ubicados en el interior de algunos tendones,
para prevenir el desgaste de estos tejidos fibrosos.

505

En su diario personal, el emperador japonés Uda Tennō,
cuyo reinado duró entre los años 887 y 931 d.C., detalló todo
lo que hacía su gato a manera de un registro oficial.

506

En algunos momentos de sus vidas, los perros
necesitan alimentarse con productos blandos, ya sea
por problemas de salud, por falta de dientes o por algún
otro trastorno que les impida masticar.

507

En 2021, la doctora Ilyena Hirskyj-Douglas y su equipo
de la Universidad de Glasgow, Escocia, desarrolló
DogPhone, un dispositivo pensado para que los perros hagan
videollamadas con sus dueños. Se trata de una pelota
que, al moverse, envía señales a un ordenador
y este inicia la comunicación con el móvil del humano.

508

Según el etólogo húngaro Adam Miklósi
al contrario de los perros, los gatos no demandan
mucha ayuda de sus compañeros humanos porque
no fraternizan tanto con ellos.

509

**Se calcula que, en Estados Unidos, más de un millón de perros
heredó una fortuna millonaria por parte de sus dueños.**

510

Para los especialistas, sobresaltar a un gato
a propósito es desaconsejable. Puede lesionarse,
romper algo o sufrir estrés prolongado.

511

Las causas más probables que hacen que un perro corra
detrás de una bicicleta, una moto o un auto son la
territorialidad y el miedo.

512

Gracias a los hallazgos observados en la ciudad
de Pompeya, destruida en el año 79 (d.C.) por la erupción
del volcán Vesubio, se pudo determinar que en la Antigua
Roma los perros eran tanto guardianes como mascotas
y que sus nombres más comunes eran: Asbolo, Ferox,
Lupa y Tigris, entre otros.

513

**Un perro difícilmente olvide si una persona ha sido
generosa con él. También recordará a quien lo maltrató.**

514

En 2020, entre los países europeos con mayor población
felina, Rusia se llevó las palmas con, aproximadamente,
22,8 millones de gatos domésticos. Alemania y Francia
ocuparon la segunda y la tercera posición, respectivamente.

515

En el templo de Göbekli Tepe, en Turquía,
los arqueólogos hallaron restos de perros domesticados
de 12.000 años de antigüedad.

516

Los gatos se lamen después de comer por un instinto
de supervivencia; de esa forma, impiden que los
depredadores huelan la comida y puedan atacarlos.

517

La Escuela Italiana de Perros de Rescate es una asociación
de voluntarios que opera en 30 playas de Italia. Fundada
en 1988, cuenta con unos 350 perros entrenados, no solo
para rescatar a los bañistas en peligro, sino también
para saltar desde un bote a fin de lograr ese objetivo.

518

A los gatos domésticos les gusta explorar los lugares
que hay más allá de su hogar. Pero es inusual que
no regresen a casa tras finalizar el recorrido.

519

Las mejores opciones para ofrecerle pescado
a un gato son las cocinadas al vapor, a la plancha
o al horno. Sin sal, condimentos ni espinas.

520

El autor estadounidense William Bruce Cameron
es conocido por sus obras protagonizadas por perros.
En *Una novela para humanos* indaga, desde la perspectiva
de un perro, sobre los profundos lazos que establecen
las personas y los canes.

521

**El perro no necesita beber agua fría del refrigerador.
Tampoco agua con hielo.**

522

Para cocinar una sopa para perros es recomendable
usar carnes magras, de cualquier clase, y vegetales
como calabaza, papa y zanahoria. En lugar de condimentos
(que están contraindicados), se puede añadir un puñado
de avena o de arroz.

523

**En 2021, las organizaciones protectoras de España rescataron
a un total de 285.000 perros y gatos abandonados.**

524

El escritor estadounidense Ernest Hemingway
llegó a albergar a 30 gatos juntos en su casa de Key West,
en Florida. Cuando, en 1968, la propiedad se convirtió en
museo, la fundación que lo administra decidió cuidar
y mantener una población estable de más de 40 mininos
para que pudieran interactuar con los visitantes.

525

Smoky fue una perra Yorkshire terrier que integró
la Fuerza Aérea de Estados Unidos durante la Segunda
Guerra Mundial. Sobrevivió a más de 150 ataques del
ejército japonés y ayudó a construir un sistema de
telecomunicaciones, pasando un cable de telégrafo a través
de una tubería. Fue condecorada y, al terminar la guerra,
asistió como perro de terapia a los soldados heridos.

526

Cuando hace calor, los gatos lamen todo su cuerpo.
La saliva que les queda en el pelaje se evapora
y regula su temperatura.

527

En 2018, se vendió por 137.000 dólares una chaqueta
para perro confeccionada en nanotejido de oro de 24K.
Los clientes tenían la opción de adornarla con 20 cristales
Swarovski o 20 diamantes negros. La prenda, ultraliviana,
podía proteger al perro de mordeduras.

528

En 2005, apenas dos años después de haberse
completado la secuenciación del primer genoma humano,
se secuenció el genoma canino. Este avance permite
identificar a los genes involucrados en las patologías
caninas que también afectan a las personas.

529

**Las gatas son, con frecuencia, más mansas que los gatos
y también más sociables, especialmente con otras gatas.**

530

Un estudio de la Universidad de York, en Inglaterra,
señala que cuando le hablamos a un perro cachorro como
si estuviéramos haciéndolo con un bebé humano, aumenta
la conexión y el nivel de entendimiento del animal.

531

El perro Snoopy era el compañero de Charlie Brown
en la tira *Peanuts*, creada en 1950 por el historietista Charles
Schulz. Fue elegido mascota de la NASA, que bautizó con
su nombre al módulo lunar de la misión Apolo 10, en 1969.
Desde entonces, la entidad honra a sus mejores empleados
y contratistas con el Premio Snoopy, por avances en
materia de seguridad de los programas espaciales.

532

**El filtro de Snapchat, *Cartoon Face*, permite mostrar
cómo luciría tu gato o tu perro si fuera una caricatura.**

533

En 1916, en Oldenburg, Alemania, se abrió la primera
escuela destinada al adiestramiento de perros guía.
Su objetivo era asistir a los soldados que quedaron ciegos
durante la Primera Guerra Mundial. Rápidamente,
se fundaron otras en distintas ciudades de ese país,
que enviaron canes entrenados a Canadá, Estados Unidos,
España, Francia, Italia y Rusia.

534

Último Parque fue el primer cementerio de mascotas
de Madrid. Se inauguró en 1983 y, desde entonces,
guarda los restos de más de 4.000 perros y gatos.

535

En 2020, *#ProtectOurFutureToo* se convirtió en la primera iniciativa europea para preservar a perros y gatos de los peligros del cambio climático. Las alteraciones del medio ambiente producen trastornos en sus sistemas inmunitarios y aumentan la posibilidad de contraer enfermedades transmitidas por parásitos.

536

Desde el siglo XVI, el Primer Ministro del Reino Unido siempre ha tenido un gato empleado como ratonero. Pero el primero en recibir el título oficial de Ratonero Jefe de la Oficina del Gabinete fue Larry, en 2011.

537

El perro Mastín inglés puede superar los 100 kilos de peso.

538

En la película *John Wick*, de 2014, el personaje principal, interpretado por Keanu Reeves, recibe, de su difunta esposa, una beagle llamada Daisy, que lo ayuda a sobrellevar su dolor. Pero mafiosos rusos matan al animal y Wick los busca para vengarse. Años después, el guionista, Derek Kolstad, reveló que hubo una gran disputa entre los directores del film con el estudio cinematográfico, que no quería a Daisy en la trama. Finalmente, los directores impusieron su parecer y la perra se convirtió en un ícono de la franquicia.

539

Los perros y gatos braquicéfalos tienen cabeza corta,
cara achatada, paladar alargado y blando, hocico reducido
y orificios nasales estrechos, que hacen que a estos
animales se les dificulte respirar por la nariz.

540

Según la Federación Europea de Alimentación para
Animales de Compañía (FEDIAF), el 60 % de los gatos en
España tiene sobrepeso. La mala alimentación y la falta
de actividad física también afecta a los mininos japoneses:
una prueba sobre el índice de su masa corporal reveló que,
cerca de la mitad, padece obesidad.

541

Agility es una práctica competitiva en la que
un instructor dirige a un perro a través de una serie
de obstáculos, que debe ir atravesando contrarreloj,
de la manera más precisa posible. Los canes participan
sin correa y sin más estímulos que los gestos
y los mandos verbales de sus guías.

542

Meko, un perro "mochilero", fue un golden retriever que
viajó en automóvil desde España hasta Tailandia junto a
sus dueños, Lauranne y Javier, una pareja franco-española.

543

Para un gato, jugar con el animal que él mismo
ha cazado significa que disfruta con su trofeo.

544

La khao manee, también conocida como "ojos
de diamante", es una raza de gatos oriunda de Tailandia.
Hace unos 300 años era muy popular en la realeza de ese
país, porque se consideraba que atraía la buena suerte.

545

F.D.C. Willard era el seudónimo de Chester,
el gato siamés del físico Jack H. Hetherington.
El científico lo acreditó como autor o coautor de varios
de sus artículos sobre criogenia, publicados en revistas
científicas internacionales.

546

En 2022, investigadores portugueses, encontraron
microplásticos en las muestras de hígado, pulmón
y riñón de perros y gatos de grandes urbes. Concluyeron
que están sobreexpuestos a los contaminantes
que circulan en el medioambiente.

547

La cantidad de felinos por hogar determina
que China, Rusia y Canadá sean los países más amantes
de los gatos, a nivel mundial.

548

La distimia o síndrome de furia es un desorden causado
por un desequilibrio en la secreción de hormonas
en el cerebro, por el que los perros imprevistamente
se tornan agresivos y acometen y muerden a la persona
más cercana. El ataque dura unos 10 minutos y, durante
el mismo, el animal tiene la mirada perdida, no responde
a los estímulos externos y, al finalizar, se muestra
agotado y caído.

549

El Museo del Perro de Nueva York fue creado, en 1982,
para preservar y difundir el rol de los perros en la
sociedad y mostrar el vínculo humano-canino a través
del arte. Posee una colección de 1.700 piezas y su biblioteca
cuenta con 4.000 volúmenes. Algunas de sus exposiciones
fueron: *Días caninos de verano, Mujeres y Perros en el arte
del Siglo XX* y *Mujeres y Perros en el arte*.

550

El *canicross* es un deporte en el que un perro
corre junto a una persona, unido a ella mediante
un arnés, una línea de tiro y un cinturón para el corredor,
que nunca debe ir por delante de su can. Se practica sobre
superficie de tierra o de nieve.

551

Los eructos son bastante raros en los gatos.

552

Si un gato rasguña los muebles reiteradamente,
se los debe cubrir con telas para que le resulten menos
estimulantes. También, se puede quitar el aroma que deja
en esos sitios con un limpiador a base de enzimas.

553

México es el país latinoamericano que tiene
más perros viviendo en la calle que en hogares.
El 70 % de su población canina padece esa situación.

554

En julio de 2018, en la ciudad de Omena, Estados Unidos,
Sweet Tart, un gato atigrado de 9 años, fue elegido
alcalde para cumplir un mandato de tres años. Los
cargos de vicealcalde y segundo vicealcalde lo ocuparon
respectivamente dos perros: Diablo Shapiro y Punkin
Anderson-Harden.

555

**Cada célula del cuerpo del gato tiene 19 pares
de cromosomas y, la del perro, 39 pares**

556

Muchos publicitarios incluyen gatos en sus avisos porque
consideran que saben disfrutar de la vida y del calor del
hogar, representando así el arquetipo del bienestar.

557

La cesárea es un procedimiento quirúrgico de urgencia
que se les practica a las perras y gatas gestantes, para
extraerles los cachorros o gatitos que no pueden salir
del vientre materno en forma natural.

558

En la Irlanda antigua, Eire, diosa por la cual
la isla británica se llama de esa manera, le dio
a su gato el don del conocimiento y le obsequió
el caldero que guardaba sus secretos.

559

En 1980, el fotógrafo Manuel Litran colocó en una
carretera, y luego retrató, los cuerpos de 140 perros
que la sociedad protectora de animales de Francia había
sacrificado tras ser abandonados por sus dueños durante las
vacaciones. La revista *Paris Match*, bajo el título:
"La foto de la vergüenza", publicó la imagen, que causó
tal impacto, que la organización protectora francesa
decidió eliminar la eutanasia, a menos que el perro
o gato lo necesitasen por motivos médicos.

560

Investigadores británicos observaron que
para comunicarse efectivamente con un gato
hay que entornar los ojos y parpadear lentamente.

561

John Bradshaw, experto en conducta gatuna de la Universidad de Bristol y autor del libro *Cat Sense* (*En la mente de un gato*) aseguró que los gatos no entienden a los humanos como lo hacen los perros.

562

El faraón egipcio Tutankamón siempre estaba escoltado por su galgo. Cuando el perro murió, fue embalsamado para que acompañara al soberano en su próxima vida.

563

El motivo principal de las visitas de los gatos al veterinario lo originan las heridas que sufren al pelear con otros gatos.

564

Cortarle la cola o las orejas a un perro es un hecho meramente estético. Esta clase de mutilación no tiene ninguna funcionalidad.

565

Morder es algo común en los perros cachorros cuando juegan, porque es su manera de descubrir y conocer el mundo que los rodea. Inhibir tempranamente ese comportamiento evitará que los animalitos lo relacionen con una conducta positiva.

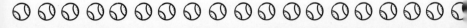

566

En la actualidad, el peso de un perro pomerania
no supera los 3 kilos. Sin embargo, sus ancestros pesaron
más de 10 kilos y se los utilizaba como perros de trineo
en Islandia y Laponia.

567

**Un perro juega con los humanos de una forma distinta
a la que juega con otro perro.**

568

En 2021, el portal *HouseholdQuotes* investigó cuáles son
las razas más populares de cada país. Concluyó que
el rottweiler es el perro favorito en 34 países y que el
border collie y el mastín italiano son los más populares
de Europa. Según su informe, en México prefieren al
chihuahua, en Chile, al pug o carlino; en Argentina,
al bull terrier y, en Uruguay, al border collie.

569

Cuando un perro es entrenado, su corazón
aumenta de tamaño, tal como ocurre con los
deportistas humanos de élite.

570

En el código de ley de la Antigua Roma
los perros aparecían mencionados como *"guardianes
de los hogares y los rebaños"*.

571

El espíritu aventurero de Mittens, un gato que se viralizó
en las redes por visitar distintas entidades públicas
y religiosas de Wellington, capital de Nueva Zelanda,
le valió que, en 2020, fuera postulado para personaje
nacional del año y recibiera la llave de la ciudad.

572

El *Perro de vidrio de Wallertheim* es una estatuilla
que data del siglo II a.C. Descubierta en el yacimiento
arqueológico de Wallertheim, Alemania, fue encontrada
dentro del ajuar funerario de un niño.

573

El perro analiza el costo-beneficio de sus conductas
y, cuando lo favorecen, trata de repetirlas. Si al subirse
a una cama o a un sillón no le ponen límites, es probable
que gruña y muestre los dientes cuando quieran bajarlo
por la fuerza, porque aprendió que, con esa conducta,
puede permanecer en ese lugar.

574

En 2022, investigadores de la Facultad de Medicina
Veterinaria de la Universidad de California, Estados
Unidos, emplearon inteligencia artificial para predecir
enfermedades bacterianas en caninos. Proyectan convertir
esa técnica en un recurso online que le sirva a los
veterinarios para la detección temprana de afecciones.

 **575**

Las uvas comunes pueden intoxicar a los gatos y ocasionarles insuficiencia renal aguda.

 **576**

A los gatos no les cae bien el azúcar; afectan su tránsito intestinal y les produce molestias tales como flatulencias y cólicos.

577

Tara, la gata heroica, en 2014 se hizo famosa, a través de un video de YouTube, por defender del ataque de un perro al hijo de sus dueños, de 4 años. La filmación se viralizó y Tara fue invitada a ejecutar el saque de honor de un partido de béisbol, en Estados Unidos.

 **578**

El gas de las cocinas, el humo del cigarrillo, los perfumes, el polvo y los sistemas de calefacción pueden inflamar las vías respiratorias de un gato y generarle asma felina.

 **579**

Puppy es una gran escultura floral que representa a un cachorro de raza West highland white terrier y está emplazada en Bilbao, España. Realizada, en 1992, por el artista estadounidense Jeff Koons, pesa 16 toneladas y se compone de una estructura de acero cubierta por unas 38.000 plantas naturales.

580

La gata Tama fue directora de operaciones en la estación
de ferrocarril de Kishi, Japón, entre 2007 y 2015. El cargo
incluía comida gratis y un sombrero de jefe de estación.
Su presencia atrajo a miles de viajeros y turistas y le
aportó unos nueve millones de dólares a la economía local
gracias a la venta de productos con su imagen. Tras ser
promovida a gerente de superestación, recibió el rango
de diosa viviente o *Maneki Daimyojin*.

581

En agosto de 1974, durante un partido de béisbol de los
Dodgers de los Ángeles contra los Colorados de Cincinnati,
un perro llamado Ashley, en medio de una demostración,
atrapó cada uno de los *frisbees* que su dueño le lanzaba. El
animal llegó a saltar a una altura de 1,80 metros y corrió
a velocidades cercanas a los 40 km/h. Esto dio nacimiento
de un nuevo deporte canino: el *Disc Dog*.

582

**Los gatos a veces bostezan para poner fin
a la confrontación con otro animal.**

583

Chaser, una border collie, fue considerada
"la perra más inteligente del mundo". A lo largo
de sus 15 años de vida, logró aprender e identificar
1.021 nombres propios y de objetos.

584

Bob era un gato vagabundo al que, en 2007, el músico callejero londinense James Bowen encontró herido y, posteriormente, adoptó. En 2012, su historia lo inspiró para escribir el libro: *"Un gato callejero llamado Bob: Cómo un hombre y su gato encontraron esperanza en las calles"*.

585

El epitafio del siglo VII a.C., perteneciente a Hippaemon, un guerrero de Magnesia de Meandro, actual Turquía, lleva grabado el nombre de su perro, Lethargos.

586

Felissimo, una marca japonesa de productos con temas gatunos y la empresa inmobiliaria Wada Kosan construyeron, en conjunto, departamentos para solteros con gatos. Sus pisos suaves resisten arañazos, y en las paredes hay estantes y pasarelas para que los felinos se ejerciten y trepen.

587

Científicos del Centro John Innes, en el Reino Unido, descubrieron que la *Nepeta cataria*, comúnmente conocida como "hierba gatera", produce un estado alucinógeno en los gatos debido a la nepetalactona, agente químico presente en sus tallos, hojas y semillas. Cuando los mininos la ingieren, su conducta cambia; ruedan sobre sí mismos o cazan presas imaginarias.

588

Los gatos que viven en casas necesitan jugar con sus
compañeros humanos unos 30 minutos diarios, para
mantenerse estimulados y reducir el riesgo de sobrepeso.

589

El primer uso documentado de perros en una batalla
data del año 600 a.C., en lo que hoy es Turquía. Los perros
del pueblo lidio mataron a muchos de los invasores
cimerios e hicieron huir al resto.

590

El escritor argentino Jorge Luis Borges escribió
sobre su gato Beppo, que lo acompañó durante 15 años:
*"Nadie cree que los gatos son buenos compañeros, pero lo son.
Estoy solo, acostado, y de pronto siento un poderoso brinco:
es Beppo, que se sienta a dormir a mi lado, y yo percibo
su presencia como la de un dios que me protegiera.
Siempre preferí el enigma que suponen los gatos".*

591

**La domesticación provocó que los perros perdieran
algunas de sus habilidades cognitivas originales.**

592

En el cerebro de los perros, las áreas de respuesta
de voz se encuentran en su lóbulo temporal anterior
y son similares a las de los humanos.

593

La gata CC fue el primer animal doméstico clonado.
Nació el 22 de diciembre de 2001 y, posteriormente,
consiguió reproducirse y tener sus propias crías,
sanas y genéticamente únicas.

594

**Los perros de gran tamaño dejan de ser cachorros
cerca del año y medio de vida.**

595

Al olfatear, el perro agudiza la detección de los olores
mediante un cambio en el patrón de respiración normal.
Ello lo manifiesta con una serie de inhalaciones
y exhalaciones cortas y rápidas, que incrementan
notablemente la entrada de aire.

596

Los gatos "quimera" poseen dos tipos diferentes
de ADN, lo que hace que tengan la mitad del cuerpo
de un color y, la otra mitad, de otro.

597

Las razas de perros originarias de zonas muy frías
poseen colas muy gruesas y peludas. Cuando se acuestan
sobre la nieve o el hielo, las usan para abrigarse y
mantener su temperatura corporal mientras duermen.

598

**Los juguetes que tienen cuerdas y cintas
son los favoritos de los perros cachorros.**

599

El gato herrumbroso vive en Sri Lanka
y la India y es el felino salvaje más pequeño
del mundo. Mide unos 40 centímetros de longitud
y su peso no supera los 1,6 kilos.

600

Al perro se le dilatan las pupilas cuando algo lo pone feliz,
de una manera similar a las de los humanos cuando ven
algo que les gusta.

601

En 2021, un video realizado por el Departamento
de Bomberos de Chicago mostró cómo un gato, tras saltar
de un quinto piso en llamas, salió caminando ileso.
Había ubicado un lugar para "aterrizar" con sus cuatro
patas, en una zona con césped, frente al edificio.

602

En 2019, una marca de alimento para perros
solicitó a la Academia Hollywood, entidad que otorga
los premios Oscar, que se reconociera la importancia
de entrenadores y perros en el cine. El pedido fue difundido
en las redes sociales con el hashtag *#Dogscar*.

603

En su cuenta de Instagram, *Arte Surreal de Gatos*, el artista digital Matt McCarthy muestra sus *collages* con gatos gigantes en distintos escenarios, como edificios, puentes, ciudades icónicas y hasta el Palacio de Buckingham.

604

Los ruidos potentes, como truenos o fuegos artificiales, pueden aterrorizar a un perro y provocar que huya sin dirección, para escapar del sonido que lo ha asustado.

605

Socialmente, el perro lame para reforzar vínculos y, también, como una forma de mitigar conflictos.

606

Luego de una esterilización, los gatos machos suelen quedar adormecidos durante las primeras 24 horas. Las hembras pueden tardar un poco más de tiempo en espabilarse.

607

Se estima que unos 25.000 perros sirvieron como paramédicos en la Primera y Segunda Guerra Mundial. Salvaron miles de vidas, llevándoles suministros a los soldados, y consolaron a los desahuciados.

608

Científicos de Austria y Escocia confirmaron
que, en los últimos 10.000 años, el tamaño del cerebro
de los gatos se redujo considerablemente a causa
de la domesticación. La interacción con los humanos
disminuyó la producción de células cerebrales relacionadas
con la excitabilidad y el temor y, por ende, también
se redujo su capacidad de respuesta al estrés.

609

Los gatos pueden sobrevivir por sus propios medios
si hay presas en su entorno y aún conservan sus
habilidades para cazar.

610

El término "perro faldero" originariamente aludía
a un can que, por su tamaño diminuto, podía sentarse
en las faldas de las mujeres. Hoy se lo utiliza para
describir el carácter amistoso de un perro pequeño.

611

La displasia de cadera, en los perros, es una enfermedad
hereditaria y degenerativa de los huesos, que les puede
aparecer a partir de los 4 o 5 meses de edad. Afecta
principalmente a las razas grandes o a ejemplares jóvenes
que han aumentado súbitamente de peso sin tener
el esqueleto aún maduro. Puede producir cojera, dolor
y dificultad para sentarse o subir escaleras.

612

En 2021, un gato llamado Piran ayudó a los servicios
de emergencia a localizar a una anciana británica
de 83 años que había caído por un barranco de
más de 15 metros. El animal maulló insistentemente
junto a la pendiente donde yacía la mujer, alertando
a los socorristas, quienes la rescataron.

613

**Los gatos arribaron a las islas británicas en el siglo II (d.C.),
gracias a la expansión del Imperio Romano en esa región.**

614

Un estudio de neuroimagen reveló que los patrones
de actividad cerebral de los perros cambian cuando
escuchan un idioma conocido y otro que desconocen,
y que pueden distinguir uno del otro.

615

En 2012, en la ciudad de Idyllwild, Estados Unidos,
se realizó una elección en la que los pobladores podían
postular a sus mascotas para alcalde. Sus deberes incluían
socializar con los turistas, promocionar el lugar
y encabezar los desfiles. Max, un golden retriever, fue
electo entre 14 candidatos, pero murió al año siguiente,
por lo que Maximus Mighty Dog Mueller II, otro golden
retriever, completó el mandato.

616

Para ubicar el corazón de un gato, hay que acostarlo
sobre su lado derecho y colocar una mano sobre
su pecho, al final de su pata delantera.

617

En 2008, Betsy, una border collie, entendía más de
340 palabras y podía relacionar un objeto con la imagen
de este, aun cuando nunca lo hubiese visto antes.

618

Según antiguas leyendas chinas, los eclipses
solares ocurrían porque los perros que estaban
en el paraíso se comían el sol. Muchos pueblos hacían
sonar tambores y gongs para alejar a los canes cuando
ocurría ese fenómeno astronómico.

619

En la película *Roma*, del director mexicano Alfonso
Cuarón, aparece un perro llamado El Borras. Había sido
encontrado atado con un alambre a la pared de un lote
baldío. Estaba desnutrido, tenía bronquitis y sarna.
Fue rescatado por Manuel Montero y su amigo,
Leonardo Serrano, y elegido por Cuarón, que buscaba
a un perro parecido al que tuvo en su infancia. Tanto
Montero como Serrano figuraron en los créditos
del filme como: "Encargados de El Borras".

Colocarle a un perro un accesorio sencillo, como una corona o un pañuelo, puede asustarlo y ponerlo desde ansioso e intranquilo hasta hacerle sentir pánico.

En muchas lenguas modernas, la palabra "gato" deriva del latín vulgar *catus*, término que originalmente aludía a los felinos salvajes. A los gatos domésticos en cambio se les decía *felis*.

Los sonidos que pueden captar los gatos superan en dos octavas a los que escucha el ser humano.

El embarazo de una perra es perceptible cuando ya está en estado avanzado. Recién al final de la gestación se puede notar el aumento del tamaño de sus ubres y abdomen, debido al crecimiento de los cachorros.

La esterilización reduce, tanto en gatos como en perros, la posibilidad de contraer enfermedades como piometra o infección de útero, cáncer de mama y cáncer testicular. También elimina el celo en las hembras y la agresividad en los machos.

625

George Vest, abogado y político estadounidense,
en 1870 representó a un cliente cuyo perro, un sabueso
llamado Old Drum, había sido muerto por un vecino.
Parte de su alegato dice: *"El único, absoluto y mejor amigo
que tiene el hombre en este mundo egoísta, el único que no
lo va a traicionar o negar, es su PERRO. (...) Cuando llega
el último acto (...) junto a la tumba se quedará el noble
animal..."*. Vest ganó el caso.

626

En 1894, el inventor estadounidense Thomas Edison
filmó con su invento, el kinetoscopio, la primera película
de gatos. El corto se llamó *Boxing Cats* y mostraba
a dos felinos boxeando.

627

Un estudio publicado, en 2004, por la revista *Veterinary
Ophthalmology* determinó que en la oscuridad a los gatos
los atrae más el calor de un cuerpo que su movimiento.

628

Cuando pasean por la calle, algunos perros siempre
ladran a otros que se les cruzan. Esto puede deberse
a un trauma, a miedos o fobias sin tratar o a una
mala socialización en su etapa de cachorros.

629

Al nacer, normalmente los perros no tienen ningún diente.
Entre los 15 y 21 días de vida le aparecen los colmillos.

630

En agosto de 1960, las perras Belka y Strelka pasaron
un día en el espacio a bordo de la nave soviética Sputnik 5.
Fueron los primeros seres vivos en sobrevivir en el espacio
exterior y regresar sanos y salvos a la Tierra.

631

Los cereales fueron incorporados a la dieta de los perros
y los seres humanos hace unos 10.000 años, gracias al
desarrollo de la agricultura durante el Neolítico.

632

En 2008, La China, una perra de campo,
en Abasto, provincia de Buenos Aires, Argentina,
encontró a una recién nacida que había sido abandonada
por su madre. Con delicadeza, la trasladó hasta
un cobertizo donde tenía a sus cachorros y le dio calor.
El llanto de la bebé alertó al dueño del animal,
que la arropó y entregó a las autoridades.

633

Guinness dejó de nominar al "gato más gordo del
mundo", con el fin de evitar que los dueños de gatos los
sobrealimentasen intencionalmente para lograr el récord.

634

Los gatos desarrollaron el maullido con la única finalidad de poder comunicarse con los humanos.

635

Hasta 2018, Molly, la perra de Colin Butcher, un detective de mascotas que trabajaba para una organización que buscaba animales extraviados, lo había ayudado a encontrar 13 gatos perdidos.

636

De los perros galgos, samoyedos y bedlington terrier se dice que tienen "pies de liebre", debido a que sus dedos medios son más largos que los de otras razas.

637

Francesc Minguell, veterinario español, es especialista en acupuntura y trata las dolencias articulares de gatos y perros con implantes de oro de 24K. Asegura que después de 8 o 15 días de aplicado, el oro elimina considerablemente la inflamación y el dolor.

638

Cuando un perro pierde a otro perro que vivía con él, puede sufrir insomnio, inapetencia o, directamente, negarse a comer. También puede visitar con asiduidad los lugares donde su compañero descansaba y demandar mayor atención y cariño.

639

**El corazón de un gato pesa, en promedio,
entre 15 y 20 gramos.**

640

Si un perro es picado por una o más abejas, es aconsejable
quitarle los aguijones con una tarjeta plástica, como la
de crédito, y removerle el pelaje, a contrapelo. Eso evitará
aplastar la glándula con veneno que guarda el aguijón.

641

Según Berit Brogaard, especialista en neurociencia
cognitiva, los gatos tienen más células nerviosas
en las áreas visuales de su cerebro, que los humanos
y que la mayoría de los demás mamíferos.

642

Trouve, el perro del inventor Alexander Graham Bell,
lo ayudó a desarrollar su "máquina de hablar",
precursora del teléfono. Con ayuda del padre de Bell,
que era maestro para hipoacúsicos, el inventor entrenó
a Trouve para que emitiera sonidos similares a la voz
humana. Después de muchos intentos, logró que el perro
dijera *"mamá"* y *"¿cómo estás, abuela?"*, en inglés.

643

**Los perros aprenden los nombres de los objetos y pueden
encontrar uno entre varios cuando se lo nombran.**

644

En los perros, el llamado "gen merle" hace que la
coloración de su pelo se diluya o aclare. Así, un perro
blanco y negro pasará a tener zonas o manchas grises.

645

Un gato puede pasar por rendijas muy estrechas,
ya que sus clavículas poseen un pequeño cartílago
que lo dota de una gran elasticidad.

646

**Los perros de tamaño similar al de los lobos
tienen el cerebro un 10 % más pequeño.**

647

Durante el Siglo de Oro español, entre
los siglos XVI y XVII, se guardaba el dinero
en bolsas hechas de piel de gato. De ahí provendría la
expresión "aquí hay gato encerrado", que actualmente
se refiere a mantener algo oculto.

648

En la colección de libros *Mundodisco*, del escritor
inglés Terry Pratchett, aparecen gatos en varias
oportunidades. La Muerte, personaje recurrente
de la saga, ama a esos animales, que son de los pocos
seres que pueden verla y hablar con ella.

649

Cuando la temperatura es muy baja, los gatos duermen
más tiempo del habitual para ahorrar energía.

650

Requisitos para ser paseador de perros: estar en forma,
ya que deberá caminar mucho y a buen ritmo; dedicarle
tiempo a los perros y sus dueños; estar familiarizado
con las distintas razas caninas, y conocer lugares
adecuados y cercanos donde llevar a los perros.

651

Las bolas de pelo, que comúnmente expulsa
el gato, se llaman tricobezoar y están compuestas
de pelo muerto y secreciones que se forman en su
estómago. Si no son eliminadas por el vómito,
pueden provocarle una obstrucción intestinal,
que requerirá cirugía para extraerlas.

652

Según el escritor Cyril Aydon, el científico Isaac Newton
habría ideado la manera de hacer que su gata saliera
al exterior, cuando quisiera, sin necesidad de molestarlo.
Hizo un agujero en su puerta y así surgió la primera
"puerta gatera" de la que se tienen registros.

653

Los perros pueden saber el tamaño de otro perro
con solo escuchar su gruñido.

 **654**

**Durante el sueño, el cerebro del gato bebé libera
la hormona del crecimiento.**

 **655**

El contacto inicial del gato con el alimento es
a través de su nariz, por lo que la primera impresión
olfativa es determinante. Si se siente muy atraído por
el aroma de su comida, olfateará por menos tiempo
y empezará a comer de inmediato.

 **656**

**Las gatas alcanzan la madurez sexual entre los 4 y 5 meses;
el macho, a los 6 o 7 meses.**

 **657**

Al caer, los gatos bajan sus patas rápidamente
y extienden los pliegues de su piel, a modo de paracaídas.
El primero en publicar una investigación sobre este tema
fue el científico francés, Antoine Parent, en el año 1700.

 **658**

Los perros dolicocéfalos, como el galgo o el lebrel,
tienen la cabeza más larga que ancha y el hocico
y el cráneo alargados. Los ojos de estos animales
se ubican en los laterales, dificultando su visión.

659

Las chimeneas, cuando están encendidas, deben
tener una puerta de cristal o una pantalla metálica
delante del fuego, a fin de mantener al gato a una distancia
segura de un metro de distancia.

660

**Los perros grandes envejecen a un ritmo más acelerado
que los perros pequeños.**

661

Un perro que no desgasta en forma natural sus uñas
y no tiene a nadie que se las corte puede llegar a sufrir
problemas posturales.

662

En días de mucho calor, es importante evitar que el perro
se queme las almohadillas de sus patas. Eso le causa
mucho dolor y tal vez termine cojeando. Además, las
lesiones tardan en recuperarse y pueden infectarse.

663

El artista y científico italiano Leonardo Da Vinci
realizó una serie de dibujos de gatos, en diferentes
posturas y actitudes. Aseguraba que *"hasta el
más pequeño de los felinos es una obra de arte"*.

664

En el año 2000, el arqueólogo Dody Fugate
y la investigadora Jennie Willis señalaron que mucho
antes de que los humanos y sus antecesores evolucionaran,
los perros salvajes ya disponían de una estructura social
básica. Los primates avanzados la copiaron para armar
su propia organización social.

665

**El gen de la sordera es propio de los gatos blancos,
pero no de todos, sino de los que presentan el gen *White*.**

666

Los ambientes muy fríos generan uno de
los problemas de salud más frecuentes en los perros
recién nacidos: la hipotermia.

667

Luego de la muerte de un perro, las personas suelen
escoger a uno similar al fallecido, sin considerar
que, no necesariamente, se comportará igual ni tendrá
el mismo carácter.

668

**Los perros pueden padecer unas 400 enfermedades
hereditarias similares a las de los humanos.**

669

**Los gatos pierden casi la misma cantidad de líquido
en la saliva cuando se limpian que cuando orinan.**

670

En la novela *Cementerio de animales*, del escritor
Stephen King, un gato llamado Church, tras ser
enterrado en un cementerio abandonado, resucita
convertido en una suerte de felino zombi.

671

La antropóloga Pat Shipman afirmó que, en Europa,
el *homo sapiens* se impuso a los neandertales gracias
a la domesticación de los perros.

672

El Kattenkabinet, en Ámsterdam, Países Bajos,
es un museo que exhibe pinturas, carteles y esculturas
de gatos para mostrar la importancia de estos animales
en el arte y la cultura a través de los siglos. En su catálogo
figuran obras de artistas como Picasso, Rembrandt
y Toulouse-Lautrec.

673

Jardín para un Amigo es un cementerio para mascotas,
ubicado en la Ciudad de México. En la tumba de cada
perro, gato u otro animal de compañía se siembra
un árbol para continuar reforestando el lugar.

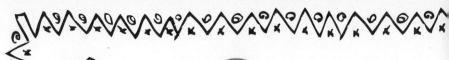

La etóloga inglesa, Jane Goodall, describió casos
de perros que han cuidado a chimpancés en cautiverio.
Destacó la capacidad que tienen los canes de empatizar
con primates no humanos.

La nariz del gato y del perro es el equivalente
a las huellas dactilares humanas. Sus pliegues, dibujo
y cavidades son únicos.

**Perros y gatos disfrutan contar con un espacio,
cerca de una ventana, que les permita mirar al exterior.**

Los gatos ven a los humanos como a un sustituto
de sus madres y, viven su madurez, como una prolongación
de su etapa de cachorros.

**La función desintoxicante que cumple el hígado es menos
efectiva en el gato que en el humano o en el perro.**

Quienes viven con perros o gatos, por lo general,
no sufren hipertensión y son menos propensos
a desarrollar cardiopatías.

680

Según la Asociación Estadounidense del Corazón,
*"las personas, que sacan a pasear a sus perros con regularidad,
corren un tercio del riesgo de padecer diabetes, que las
que no tienen perro"*.

681

En la ciudad de Passau, Alemania, se encuentra el primer
museo del perro salchicha. Cuenta con más de 4.500
objetos, entre juguetes y elementos decorativos.

682

El silbido del gato no se parece al del pájaro. Lo hace
como señal de que se siente amenazado, asustado
o muy molesto. Cuando silba, también puede mostrar
los dientes y aplastar las orejas contra la cabeza.

683

**Un gato obeso, sometido a una dieta para adelgazar, no
puede perder más del 1 o 2 % de su peso corporal por semana.**

684

En 2006, la perra Shana salvó la vida de Eve y Norman
Fertig, una pareja de octogenarios que tenía un refugio
de animales en Nueva York. Ambos quedaron atrapados
bajo una tormenta de nieve; Shana cavó un túnel
en la nieve, los arrastró y los puso a salvo
hasta que llegaron los bomberos.

685

A partir del primer año de edad, el perro comienza a sufrir el desgaste progresivo de sus piezas dentales.

686

Tanto en gatos como en perros, jugar con objetos inanimados, tales como un muñeco, se relaciona con su naturaleza predadora.

687

Uno de cada mil perros vive hasta los 22 años.

688

La oniquectomía es la extirpación quirúrgica de las uñas para que no vuelvan a crecer. Después de una intervención de este tipo, a muchos gatos les quedan secuelas, como dolor crónico o cojera. Además, como no se pueden rascar para relajarse, aumentan su ansiedad y los problemas de comportamiento.

689

Cuando un perro está asustado, pone la cola entre sus patas para cubrir las glándulas anales, que permiten que los canes se identifiquen a través de su olor. Este comportamiento es similar al de los humanos cuando esconden el rostro, al sentirse inseguros o temerosos.

690

En el Antiguo Perú, la cultura mochica, que se desarrolló
entre los siglos II y IV (d.C.), fue la primera en América
que incluyó a los gatos en sus vasijas y dibujos.

691

El reloj biológico del perro le permite saber a qué
hora debe comer o pasear y, también, cuándo regresan
a la casa sus compañeros humanos.

692

Fernando fue un perro callejero que vivió
en Resistencia, provincia del Chaco, Argentina, en
la década de 1950. Se hizo conocido por frecuentar bares
y conciertos a los que concurrían músicos, artistas
y políticos locales. Al morir, su entierro fue el
más concurrido en la historia de esa ciudad.

693

**La longevidad de los gatos es variable.
En los gatos mestizos es mayor que en los de raza.**

694

Blaze the Cat es un personaje de la saga
de videojuegos *Sonic el erizo*. Se trata de una gata
de color lavanda, con rasgos humanos, capaz
de controlar el fuego a su antojo.

695

Los perros tienen la capacidad de escuchar sonidos a una distancia de hasta 220 metros.

696

En las pinturas de finales del siglo XIX, el perro comenzó a ser retratado como animal de compañía y disminuyó su representación como perro de caza o de ganado.

697

En junio de 2022, en Madrid, se realizó el *World Dog Show*. La muestra canina reunió a más de 15.000 perros de raza y, un fox terrier de pelo duro, llamado Funfair Foxhouse, resultó elegido como el "mejor perro del mundo".

698

Algunos esmaltes de uñas contienen químicos tóxicos que pueden afectar a perros y gatos al inhalarlos.

699

A principios del siglo pasado, en Nueva York, el arqueólogo Guillermo Calver descubrió un cementerio ceremonial de perros junto al río Harlem. Los descendientes de los nativos que habitaron el lugar, entre los años 1000 y 1500 a.C., aún tienen la convicción de que los canes son protectores de sus amos.

700

El perro es capaz de conectar, de manera única, con
otras especies y con los propios humanos. Si crece
con ovejas, amará a las ovejas y, si crece con personas,
amará a los humanos.

701

El reflejo de rascado es una reacción involuntaria del
perro. Lo suele manifestar cuando rascamos su panza
o detrás de sus orejas. El cerebro envía una orden
automática al percibir algún estímulo en esas partes
de su cuerpo y, así, comienza a "rascar el aire".

702

**Ante un problema que no pueden resolver, los perros
buscan la ayuda de las personas que los rodean.**

703

Muchos gatos suelen masticar pequeñas
cantidades de hierba larga, sin valor nutricional.
Lo hacen en forma mecánica.

704

Los perros que viven en hogares con calefactores
y aires acondicionados suelen cambiar de pelo de forma
constante, debido a que su organismo no detecta cuándo
es necesario hacer una muda completa.

705

Para el doctor Richard Pitcairn, autor del libro
Natural Health for Dogs and Cats, un perro puede simular
tener algún problema de salud, si ya lo tuvo con
anterioridad. Por ejemplo, si tose y se acercan a acariciarlo,
entenderá que, cada vez que lo haga, obtendrá
la atención del humano.

706

**Las causas más comunes de mal aliento en los perros
son la mala higiene bucal y la enfermedad periodontal.**

707

Los gatos machos pueden oler a una hembra
en celo desde grandes distancias y luchar entre ellos
para ser los primeros en aparearse con ella. A menudo,
la hembra se aparea con varios machos, por lo que es
posible que, aunque un macho haya perdido el derecho
al primer apareamiento, sea el padre de sus crías.

708

**Jadear es algo poco común en los gatos, pero algunos
lo hacen cuando están estresados.**

709

Los gatos no se acercan a su arenero si está sucio,
por lo que pueden llegar a hacer sus necesidades sobre
alguna prenda, tapete o maceta de la casa.

710

Los gatos poseen un total de 18 uñas.

711

La revista *Anthrozoös* analizó los hábitos de sueño
de 962 mujeres de entre 18 y 69 años. Concluyó que
la mayoría prefería dormir con sus perros antes que con
sus parejas, porque los perros se movían menos y eso
les permitía conciliar el sueño con mayor facilidad.

712

El pitbull Sargento Stubby fue la mascota de las tropas
estadounidenses en la Primera Guerra Mundial. Con su
olfato, alertaba a los soldados sobre la inminencia de
un ataque sorpresa con gas mostaza. Fue el perro más
condecorado en ese conflicto bélico y el único en ser
ascendido a sargento, por méritos en combate.

713

**Las patas de los perros de asistencia suelen estar
más limpias que los zapatos de sus humanos.**

714

Un gato adulto debe tener la posibilidad de acceder
a lugares altos. Para ello, con la ayuda de almohadones
o alguna clase de mueble, hay que crearle niveles
intermedios, a modo de escalones, que le permitan
subir a sus espacios ubicados en altura.

715

La mayoría de las mordeduras de serpientes
a perros se deben a la curiosidad de estos. Principalmente
las sufren en la cara o en los miembros anteriores.

716

**A partir de los ocho años de vida, los gatos deben someterse
a un chequeo anual de sangre y orina.**

717

Las dos causas más comunes de la depresión de un perro
son: la pérdida de un animal compañero y la pérdida de
su dueño. También pueden producirla las mudanzas y la
incorporación al hogar de la nueva pareja de su compañero
humano, de un bebé y de otro perro o gato.

718

En 2014, Colonel Meow, un gato mestizo, obtuvo
el récord Guinness al pelaje más largo en un felino:
su pelo medía 23 centímetros.

719

El libro de los poemas del gato se conserva en
la Biblioteca Nacional de Bangkok, Tailandia. Se trata
de antiguos papiros con distintas historias, una de las
cuales narra que, al fallecer, el alma de la persona,
que había alcanzado el grado más alto de espiritualidad,
se unía al cuerpo de un gato.

720

**Los perros de raza Pug sufren mucho el calor.
Mientras que los galgos no soportan bien el frío.**

721

Tillman fue un perro Bulldog inglés famoso
por surfear, hacer snowboard y andar en patineta.
Fue el perro en *skate* más rápido del mundo.

722

El bruxismo canino se caracteriza por el rechinar de los
dientes, de lado a lado. El engrosamiento del tejido de la
encía es, muchas veces, el resultado de esta afección.

723

Santa Ágata, patrona de Catania, Italia, también
era conocida como "Santo Gato". Murió el 5 de febrero
del año 251 d.C. Algunas leyendas señalaban que
el día de su santoral se aparecía en forma de gato.

724

Pooper es una aplicación para dueños de perros
que no quieren recoger sus excrementos. Con un toque
al móvil, se marca la ubicación de las heces del can
y se llama a un *scooper* para que las recoja. Los *scoopers*
son personas amantes de los perros que quieren mejorar
las calles y las comunidades.

725

Un perro adulto duerme alrededor de unas 14 horas diarias: entre 8 y 9 horas por la noche y pequeñas siestas durante el día.

726

El Belly Rub Café, de Filadelfia, Estados Unidos, es un bar exclusivo para perros. Los dueños los llevan allí para que los cuiden mientras ellos salen.

727

La mejor opción para comunicarse con un gato a través de la voz es usando tonos agudos y, al mismo tiempo, suaves.

728

Existen marcas de cerveza para perros, como Browser Beer o Dog Brew, compuestas de carne de ternera, pollo y malta. No contienen alcohol, lúpulo, sal, burbujas ni grasa añadida.

729

El Cardenal Richelieu, estadista francés que vivió entre los siglos XVI y XVII, tenía docenas de gatos, muchos de ellos rescatados. Les preparaba la comida y utilizaba una sala del Palacio de Versalles (residencia real desde 1682 hasta 1789) como refugio para los felinos. En su testamento dejó dinero para que los cuidasen después de su muerte.

730

A la gran mayoría de los perros no les gusta ver a sus humanos interactuando con muñecos con forma de perro.

731

Nevado, también conocido como Simoncito, fue el perro del libertador venezolano Simón Bolívar y lo acompañó en varias de sus batallas por la independencia americana.

732

Los perros que disfrutan morder maderas, piedras o cualquier otro material duro pueden sufrir el desgaste prematuro de los dientes.

733

Lorcan Dillon es un niño británico que padece mutismo selectivo, patología que dificulta su capacidad para hablar y expresar emociones. En 2010, su madre le regaló una gata, Jessi, creyendo que podría ayudarlo a socializar. Estaba en lo cierto; a los 7 años, Lorcan pronunció sus primeras palabras. Le dijo: *"Te quiero"*, a su entrañable Jessi.

734

Se hizo un estudio con perros y gatos para saber cuánto tiempo recordaban dónde se había escondido su comida. La memoria a corto plazo de los gatos duró, aproximadamente, 16 horas. La de los perros, unos 5 minutos.

735

Una caja de arena muy alta le puede dificultar
el acceso a un gato de edad avanzada.

736

Señales de que un gato ya es anciano: merodea inquieto
por la casa, maúlla más de lo habitual, se desorienta
y evita interactuar con otros gatos de su hogar.

737

El ridgeback tailandés es una las razas de perros
más antiguas del mundo. Descubrieron restos fósiles
de hace aproximadamente 3.000 años, con una franja de
pelo sobre el lomo, extendida en el sentido contrario
al resto del pelaje.

738

A los tres meses de edad, un perro de tamaño pequeño
alcanza la mitad del peso que tendrá en su edad adulta.

739

Orangey fue un gato castaño-anaranjado que actuó en
cine y televisión durante la década de 1950. Apareció
en películas, como *El diario de Ana Frank* y *Desayuno
en Tyffany´s*. Fue el primer felino en ganar dos premios
PATSY, la versión animal del Oscar.

740

Los gatos saben cómo manipular a sus dueños
humanos, cuándo es el momento más conveniente
para maullarles y qué tono deben utilizan, de acuerdo
a lo que piden o desean.

741

Frank el Pug es un personaje ficticio que aparece
en las películas y en la serie animada, *Hombres de Negro*.
Frank tiene la apariencia de un perro, pero en realidad
es un extraterrestre disfrazado.

742

**Se calcula que en Europa más de 20.000 personas,
cotidianamente, se apoyan en sus perros de asistencia.**

743

La primera exposición de gatos se realizó
en el Crystal Palace de Londres, Inglaterra, el 13 de julio
de 1871. Año tras año, la muestra llegó a presentar
alrededor de 2.500 gatos.

744

Los perros grandes pueden seguir creciendo
hasta los dos años de edad. Los pequeños dejan de hacerlo
a los, aproximadamente, seis meses de vida.

745

En 1887, el inglés Harrison Weir fundó el primer club de gatos del mundo: el National Cat Club.

746

En la película futurista *Fuga en el Siglo XXIII* (1976), los protagonistas ven por primera vez en sus vidas a un anciano. El hombre está rodeado de gatos, cada uno de los cuales tiene tres nombres: uno común, uno de fantasía, y otro que solo el animal conoce.

747

El lebrel, también conocido como galgo inglés, es una raza oriunda de Gran Bretaña que puede alcanzar una velocidad de hasta 64 km/h. Se lo considera el perro más rápido en carreras cortas.

748

Cuando perciben una amenaza, los gatos suelen esconderse en las copas de los árboles, tejados, automóviles abandonados y conductos de ventilación. Permanecerán allí hasta sentirse completamente a salvo.

749

Un gato debería cazar, al menos, 10 ratones por día para satisfacer sus necesidades calóricas diarias.

750

Los perros que pierden la visión necesitan estabilidad
dentro de su hogar. Todo debe permanecer siempre
en su mismo lugar, especialmente su cama
y sus cuencos de comida y agua.

751

**El cerebro de un humano representa, aproximadamente,
el 2 % de su masa corporal total. El del gato no llega al 0,9 %.**

752

Cuando un perro huele el trasero de otro perro recolecta
información: su género, lo que come y hasta
su estado emocional.

753

Los gatos manifiestan cambios de conducta después
de la muerte de otro gato con el que conviviera; aun si no
se llevaban bien, pueden sentirse tristes por su pérdida.

754

Los perros y humanos tienen los mismos patrones
de ondas cerebrales, lo que indicaría que sueñan de un
modo similar. Por otra parte, los ciclos de sueño de las
razas pequeñas son más cortos que los de las grandes.

755

Los perros normalmente dan vueltas sobre sí mismos, por felicidad o emoción. Pero los giros excesivos, junto a la persecución de la cola, son conductas que pueden estar relacionadas con lesiones en el oído o en el cerebro.

756

El munchkin es una raza de gato surgida de una mutación genética natural. Esto dio lugar a ejemplares con patas más cortas de lo habitual, hecho que no interfiere con su habilidad de saltar y correr.

757

Los perros tienen ocho grupos sanguíneos.

758

Un perro cachorro tiene los 28 dientes de leche. Los comenzará a cambiar a partir de los tres meses y medio de edad, para llegar a la adultez con 42 dientes secundarios: 22 en la mandíbula y 20 en el maxilar.

759

En 2018, un estudio publicado por la revista *Animal Behaviour*, reveló que, para bajar las escaleras o aplastar un objeto, muchos gatos machos suelen anteponer su pata izquierda, mientras que las hembras tienden a usar la derecha.

760

El perro no es muy hábil para distinguir los detalles de un objeto, pero sí para detectar sus movimientos.

761

Algunos etólogos (estudiosos de la conducta animal) afirman, tras observar el movimiento que hace con sus patas, que el gato se sube al inodoro para intentar pescar. Otros señalan que lo hace por la curiosidad que siente al ver los reflejos de la luz en el agua.

762

En 1995, un estadounidense, Greg Miller, creó una prótesis testicular para perros y fundó la empresa Neuticles para comercializarlas. Hasta 2022, había vendido más de 500.000 en todo el mundo.

763

Por lo general, los gatos resisten mejor el frío que los humanos.

764

En 2011, Kabang, una perra callejera de Filipinas, salvó a dos niñas de que una moto las atropellara. Por protegerlas, el animal perdió el hocico, pero llegó a vivir 10 años más.

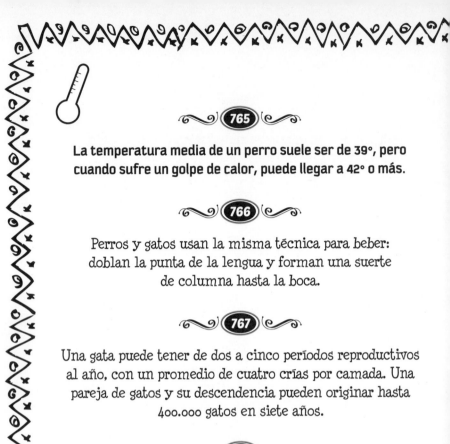

765

La temperatura media de un perro suele ser de 39°, pero cuando sufre un golpe de calor, puede llegar a 42° o más.

766

Perros y gatos usan la misma técnica para beber: doblan la punta de la lengua y forman una suerte de columna hasta la boca.

767

Una gata puede tener de dos a cinco períodos reproductivos al año, con un promedio de cuatro crías por camada. Una pareja de gatos y su descendencia pueden originar hasta 400.000 gatos en siete años.

768

Petvation es una puerta inteligente para perros y gatos. Su sistema de reconocimiento facial permite que solo las mascotas del hogar puedan entrar y salir de la casa.

769

La marca japonesa Unihabitat creó una línea de camas para perros, diseñadas en forma de "V", para que los canes tengan la sensación de estar sobre las piernas de sus compañeros humanos.

770

En 2020, el aeropuerto de Osaka, Japón, inauguró un baño
para los perros que viajan. Situado en un patio cercado
fuera de la estación aérea, ofrece duchas, recipientes con
agua y un poste especial para que los perros hagan pis.

771

La gata Choupette era la mascota del diseñador
de modas Karl Lagerfeld y la imagen elegida de muchas
marcas que pagaron cifras astronómicas para
que publicitara sus productos. Se calcula que generó
ingresos por más de 5 millones de dólares, por lo
que el modisto, que murió en 2019, la consideró *"la gata
más famosa y rica del mundo"*.

772

Cuando se reprende a un perro por algo que hizo
pero tiempo después de que sucedió el incidente,
el animal no entiende el motivo del regaño.

773

**La primera aparición de un perro Bóxer fue en 1895,
en el Múnich Bóxer Club de Alemania.**

774

En general, se considera que un gato adulto
ya es mayor cuando cumple siete años, lo que
no significa que deje de ser ágil o inquieto.

Los mecanismos de supervivencia de un perro presentan cuatro formas básicas: la huida, el ataque, la inmovilidad y el comportamiento pacífico, en el que puede adoptar un rol juguetón o sumiso.

Los gatos pasan aproximadamente dos tercios de su día durmiendo. Esto significa que, un gato de tres años, solo ha estado despierto durante, aproximadamente, un año de su vida.

El doctor Stanley Coren, experto canino y profesor de psicología de la Universidad de Columbia Británica, Canadá, asegura que, a los perros, no les gusta que los abracen. Puede resultarles incómodo y hasta estresante.

En muchas razas de gatos, el color de los cachorros cambia cuando se hacen adultos.

En Internet pueden encontrarse más de 1.500 artículos para regalarles a los perros en Navidad. Los más vendidos son las camas y las casitas.

780

Los gatos recién nacidos deben permanecer junto
a sus madres para mantenerse calientes, limpios
y bien alimentados. La temperatura del lugar
donde se encuentren debe oscilar en los 22° para
que no sufran hipotermia.

781

**Comúnmente, los perros no presentan problemas cuando
comen grillos, lombrices de tierra, moscas o saltamontes.**

782

Los españoles gastan anualmente en sus perros y gatos
una media de 900 euros en alimentos, 360 euros en
veterinario y 80 euros en accesorios y juguetes.

783

El saluki, conocido como galgo persa o perro real
de Egipto, desciende de los lobos del desierto
y es el más antiguo de los lebreles.

784

Los gatos pueden saltar hasta seis veces su tamaño.
Se ha observado a felinos cubrir con un brinco más
de tres metros de altura desde el suelo al techo,
sin esfuerzo. Lo hacen contrayendo sus patas traseras,
para crear un efecto de resorte.

785

Hay comida con sabor a jabalí pensada para
"perros aventureros".

786

La raza canina Crestado chino ostenta una larga melena,
pero solo en la parte superior de la cabeza y cubriendo
sus orejas, a modo de cresta. También le crece el pelo
en la cola y en las patas, aunque no en el resto
del cuerpo. Sin embargo, otra variedad de estos perros
es totalmente peluda.

787

Según la directora de la organización International
Cat Care, doctora Karen Hiestand, *"los perros y los humanos
son muy similares y han vivido juntos por mucho tiempo;
de alguna manera, hubo una coevolución. Con los gatos
es mucho más reciente; vienen de un ancestro solitario
que no es una especie social"*.

788

Los gatos solo ven los colores fríos, como el azul y el verde.
Al rojo lo perciben como un gris oscuro.

789

Los perros poseen alrededor de 540 millones
de neuronas corticales cerebrales, los gatos unos
250 millones y, los humanos, 16.000 millones.

790

Aunque los gatos no obedecen del mismo modo
que los perros, comprenden cuando se los llama.
Reconocen su nombre y lo distinguen de otras palabras
con la misma longitud y entonación.

791

Un perro con "ojo de cereza" tiene un bulto rosado
o rojo en la esquina interna del ojo. Esto puede provocarle
irritación, inflamación y hasta úlceras en la córnea,
situación que hace que el animal se frote los ojos.

792

**Los antiguos egipcios, cuando morían sus gatos,
se afeitaban las cejas en señal de luto.**

793

Para conocer el contorno de pecho de un perro se le debe
medir la circunferencia justo por detrás de sus patas
delanteras; esto es, a la altura de las axilas. Esta medida es
importante para que una prenda le calce a la perfección.

794

Muchas veces, los perros mayores no manifiestan si tienen
algún malestar. Por eso es aconsejable, al acariciarlos,
presionar suavemente sobre su estómago, cadera, lomo
y articulaciones para controlar que no sienten dolor.

795

El motivo principal por el que un gato manifiesta enojo
o agresividad es el miedo.

796

La alfombra olfativa para perros es una pieza hecha
con tiras de tela, de distinta longitud, en la que
se esconden premios que el animal debe buscar.
De este modo, se estimula su nariz y cerebro.

797

Una de las razas gatunas domesticadas más antiguas
del mundo es la de los gatos egeos, que surgieron de
manera natural en las islas Cícladas, Grecia.
Se la considera la única raza felina autóctona griega
y un verdadero tesoro nacional.

798

Se calcula que 1 de cada 3.000 gatos tricolor es macho
y que la gran mayoría de ellos es estéril.

799

Cuando un gato que está acostumbrado a salir de su casa,
desaparece repentinamente, ello revela que algo modificó
su conducta normal de regresar al hogar. Tal vez sufrió
alguna lesión o quedó atrapado en algún lugar.

800

La alfombra refrescante para perros y gatos
es un tapete con gel refrigerante en su interior,
que absorbe la temperatura corporal del animal
cuando se acuesta sobre él.

801

**Los huesos de las extremidades de los perros
en su mayoría son largos, para facilitarles el movimiento.**

802

El veterano de guerra, David Sharpe, sufría estrés
postraumático y depresión cuando adoptó a Cheyenne,
una cachorra pitbull. Meses después, estaba al borde
del suicidio cuando la perra se le acercó y comenzó lamer
sus lágrimas. Sharpe dijo que, en ese momento, Cheyenne
le había dado una nueva razón para vivir y, en 2011, fundó
Pets2Vets, organización que reúne a animales de refugios
y veteranos de guerra con estrés postraumático.

803

La llegada de un nuevo miembro al hogar
o una mudanza pueden hacer que un gato se estrese
y empiece a orinar por la casa, para calmarse y recuperar
su estabilidad emocional.

804

El pastor alemán u ovejero alemán es una raza
relativamente nueva: su origen se remonta al año 1899.

805

En Corea del Sur, una agencia publicitaria y una cadena
de tiendas de mascotas se unieron, en 2018, para cobijar
a gatos de la calle en las noches de invierno. Para ello,
convirtieron capuchas de abrigos usados en refugios para
los felinos. La idea fue concientizar sobre el problema
de los gatos callejeros en ese país asiático.

806

Los gatos maltratados agachan la cabeza, tienen
las pupilas dilatadas y miran a su alrededor en busca
de una ruta de escape.

807

Al nacer, todos los gatos tienen los ojos de color azul oscuro,
pero, a medida que crecen, cambian de color.

808

Según Laurie Santos, psicóloga de la Universidad de Yale,
Estados Unidos, los perros interpretan las intenciones
comunicativas de una persona, con más efectividad
que los primates.

809

En 2016, el director y actor Patrick Corr y Stevie, su gata ciega, escalaron, en el marco de una acción solidaria, la montaña más alta de Irlanda: Carrauntoohil, de 1038 metros. Lo recaudado fue destinado a refugios para animales discapacitados.

810

El primer dedo del perro solo tiene 2 falanges, mientras que, los cuatro restantes tienen 3: la proximal, la media y la distal.

811

En el libro *La Odisea*, el protagonista, Ulises, regresa a su casa 20 años después de su partida. Aunque está vestido como un mendigo, el único que lo reconoce es su perro Argos, que muere a sus pies.

812

Cuando un perro se pierde, al principio se siente desorientado y puede mostrarse atemorizado. Luego, tratará de ubicar su vivienda, a sus dueños o algún sitio que le sirva de referencia.

813

El bulldog tiene el doble de riesgos de sufrir problemas de salud que otras razas, en particular, respiratorios.

814

En 2021, Pablo, un perro francés de 2 años, se perdió
en el lugar que habían escogido sus dueños para vacacionar,
pero logró regresar solo a su casa. Recorrió 380 kilómetros.

815

**Los perros pueden detectar algunas bacterias hospitalarias
en el aire que circula entre los pacientes contagiados.**

816

Los perros ganaron expresividad por la evolución
de un pequeño músculo facial que hace que sus ojos
se parezcan a los de un bebé y que despierten,
en los humanos, el deseo de cuidarlos.

817

**Tanto en verano como en invierno, es posible observar
ligeras variaciones de color en el pelaje del gato.**

818

Investigadores de Estados Unidos y de Hong Kong
observaron diferentes efectos sobre los consumidores,
cuando las publicidades las protagonizan perros o gatos.
Las de canes hacen que las personas se muestren
más entusiastas, mientras que, las de felinos,
los vuelve cautelosos.

819

Cuando maduran sexualmente, los perros dejan de reconocer a sus familiares. No se ven mutuamente como parientes y, por eso, son capaces de aparearse entre sí.

820

En Japón existe la leyenda de los *Nekomata*: gatos que después de llegar a una cierta edad se pueden parar en dos piernas y hablarles a las personas.

821

Los perros se desaniman si no los estimulan ni ejercitan: algunos pueden llegar a comer tierra para ocupar su tiempo.

822

Los gatos del Cercano Oriente vivieron con el hombre hace unos 10.000 años, pero continuaron cazando. No dependieron exclusivamente de los humanos para alimentarse.

823

Las gatas carey tienen un pelaje tricolor (negro, naranja y blanco) y una mancha larga y rojiza en la frente. Los marinos japoneses no zarpaban sin ellas porque, decían, ahuyentaban los malos espíritus. Los celtas creían que tener una gata carey traía fortuna al hogar.

824

Si le soplamos la cara a un perro, el aire que recibe
puede irritar sus ojos, sus orejas y su nariz. Esto último
puede generar que pierda información de su entorno.

825

En 2022, Ron, un gato callejero, se convirtió en un apoyo
para los animales que acudían al Hospital Veterinario
de Northfield, en Denver, Estados Unidos. Según las
autoridades del lugar, interactuaba con otros animales,
les hacía compañía y los animaba.

826

Si no hay "química" entre dos perros, no se debe
forzar su vinculación. Por ejemplo, cuando se los lleva
a parques o caniles.

827

En algunos gatos, el color que tendrán de adultos
se define a los 5 meses de vida. En otros, puede tardar
entre 12 y 24 meses.

828

Las fracturas dentales, en los perros, pueden ser causadas
por caídas, juegos y peleas, o al triturar objetos duros,
como huesos y piedras. El veterinario será quien determine
el tratamiento adecuado para cada caso en particular.

829

**Cuando corre, la mayoría de los perros alcanza
un promedio de 30 km/h.**

830

En la Antigua China, muchas personas colocaban
pequeños perros en las mangas de su ropa,
para mantenerse calientes.

831

La enfermedad por arañazo de gato la causa la bacteria
Bartonella henselae. Los síntomas no requieren tratamiento
y pueden incluir bultos rojos en la piel, malestar y fatiga.
Casi la mitad de los gatos pueden, en algún momento, ser
portadores de la bacteria, sin que los enferme.

832

**El gato atigrado o barcino tiene normalmente
una marca con forma de "M" en la frente.**

833

Cuando se suma un nuevo perro a casa es recomendable
presentarle al perro que ya vive allí en un lugar neutral,
como un parque. Si en el primer encuentro se provocan
o gruñen, es conveniente, antes de convivir, llevarlos a
dar paseos juntos en ambientes relajados, hasta que se
acostumbren a la presencia del otro.

834

Relax my dog, en YouTube, es un canal
de música relajante para perros.

835

Durante los dos primeros meses de vida, perros y gatos
pueden padecer criptorquidia, que es una falla en el
descenso de uno o de ambos testículos hacia el escroto.

836

La mayoría de los perros tiene la lengua rosada, aunque
algunos, por una mutación genética, la pueden tener azul,
como ocurre con los shar pei y los chow chow.
Esta coloración también puede aparecer en ejemplares
de akita, mastín tibetano y pastor alemán.

837

Los gatos utilizan sus uñas para escalar muros,
árboles y superficies blandas.

838

Los perros, a diferencia de los seres humanos, casi
no tienen glándulas sudoríparas; expulsan gran parte
del calor con el jadeo. También transpiran por las
almohadillas de las patas; eso explica por qué, cuando
están expuestos a altas temperaturas, dejan sus "huellas"
al caminar sobre un piso de baldosas.

839

En 2019, un perro llamado Nori, en Seattle,
Estados Unidos, captó la atención en las redes por
sus rasgos faciales, que parecían humanos, y por la
sensación de estar sonriendo levemente.

840

**En los últimos minutos de vida de un gato o de un perro,
es fundamental que su compañero humano no lo deje solo.**

841

En 2015, el estadounidense, Tom Turcich, emprendió
una caminata por los siete continentes con su perro,
Savannah. Finalizó en 2022 y Savannah se convirtió así,
en el primer perro en dar la vuelta al mundo caminando.

842

La clipnosis, también conocida como inmovilidad
de transporte, sirve para sujetar a los felinos
apretándolos suavemente en la nuca. Las gatas lo hacen
naturalmente cuando transportan a sus crías con la boca.
Se utiliza en veterinaria para contener a la mayoría
de los gatos, imitando la sujeción materna.

843

Cuando un perro aúlla al escuchar música,
está tratando de acompañar la melodía. Es su forma
de interactuar con la misma.

844

El neurocientífico estadounidense Gregory Berns
sostiene en su libro *Cómo nos aman los perros*, que,
si un perro se acurruca junto a su dueño después
de comer, es porque le tiene un gran afecto.

845

Desde 2006, la surfista y ecologista Liz Clark
navegó durante años por el Océano Pacífico a bordo
de su velero. En 2013, subió a bordo a Amelia, una gata de
seis meses a la que rescató. *"Después de aprender a confiar
en mí, empezó a tener menos miedo del mar. (...)
Sabe que está a salvo cuando estamos juntas"*.

846

La llamada de la selva es una novela corta del escritor
estadounidense Jack London. Narra la historia de Buck,
un perro doméstico que es robado y vendido a Canadá.
Allí lo convierten en un perro de tiro, lo que cambiará
radicalmente su vida y lo acercará a su lado salvaje.

847

**Para un gato, salir a pasear significa moverse
en un ambiente desconocido que no ha marcado.**

848

Cansar al perro o al gato mediante juegos o caminatas
es una buena táctica antes de que viaje en avión;
así tendrá más chances de relajarse y dormir.

849

**A los gatos les molestan las puertas cerradas, porque limitan
el acceso a lo que, consideran, parte de sus dominios.**

850

La española Marta Martínez Samalea y el búlgaro Boris
Kanev se embarcaron en una aventura de 511 días, desde
Bulgaria hasta la India, haciendo autostop en Turquía,
el Kurdistán iraquí, Kazajstán, Irán, China y Birmania.
Los acompañó Burma, una gata callejera que viajó en sus
brazos y en sus mochilas.

851

Cuando un perro es destetado en forma prematura,
no llega a conocer las pautas básicas de socialización
que las hembras les enseñan a sus cachorros. De adulto,
podría manifestar agresividad, hiperactividad o ansiedad
por separación.

852

La frecuencia cardíaca normal de un gato es
de 120 a 150 latidos por minuto. En el perro, oscila
entre 60 y 140 pulsaciones por minuto.

853

El perro de terapia de instalaciones trabaja
en instituciones, junto con sus cuidadores, para ayudar
a los pacientes afectados de Alzheimer y de otras
enfermedades cognitivas y mentales.

854

Italia cuenta con muchas facilidades para los pasajeros
que utilizan el transporte público junto a su perro o gato.

855

Las gatas, aun teniendo acceso al exterior, tienden a
permanecer dentro de la casa porque es un lugar conocido
y abrigado. Prefieren eso, a sufrir el calor o el frío externo.

856

La agudeza visual de los perros mejora mucho frente
a objetos que se mueven o rebotan.

857

Crookshanks, el gato de Hermione Granger
en la saga *Harry Potter*, tiene el aspecto de un león
y la habilidad de reconocer si una persona es poco
confiable, aun si se ha transformado en otro ser.

858

Frida fue una perra heroína de México que, a lo largo
de su carrera, salvó 12 vidas y participó en más de 50
operaciones de rescate en su país, en Haití, Guatemala
y Ecuador. En 2019, tuvo su ceremonia de despedida:
se le retiró el uniforme y se le obsequió un juguete,
simbolizando el comienzo de su vida como jubilada.

859

Una de las razones por las que un perro se echa al
lado de su dueño mientras este duerme, es para cuidarlo,
a modo de vigilancia pasiva pero alerta.

860

En 2010, Gary Cullen, un veterinario en Nueva Zelanda,
le practicó una cirugía novedosa a Cammy, un gato
joven con agenesia de párpado, alteración que impide la
formación de los mismos. Utilizando el revestimiento del
estómago de una oveja le creó párpados artificiales.

861

Si un gato frota su cabeza contra una persona,
le está diciendo que pertenece a su territorio y que
la acepta como parte de su vida.

862

**La superficie de la membrana olfativa del perro
es semejante a la de todo su cuerpo.**

863

En Buenos Aires, Argentina, un perro llamado Negro
quedó huérfano cuando su dueño falleció, en 2021.
Para encontrarle un nuevo hogar, publicaron su currículum
en LinkedIn con el encabezado: *"CV Negro, en búsqueda
activa de una familia para siempre"*.

864

Cada perro puede usar gestos diferentes para expresar lo que desea. Por ejemplo, si quiere comer, salta, gira la cabeza, levanta la pata, frota la nariz y se lame.

865

El cerebro de un gato se parece en un 90 % al de un ser humano.

866

La domesticación del gato tuvo lugar en los primeros asentamientos agrícolas de Egipto y Medio Oriente, cuando los granjeros los recibieron para combatir a los roedores.

867

En 2000, Endal fue elegido el "Perro del Milenio" por asistir durante más de una década a su dueño, Allen Parton, un veterano de guerra en silla de ruedas, que padecía amnesia y depresión. El perro lo ayudó en todos los aspectos de su vida: desde usar la lavadora hasta retomar el contacto con su familia. En 2002, Parton volvió a casarse con su esposa, Endal fue su padrino de bodas.

868

La familia imperial de Japón es la monarquía más antigua del mundo y la que ha establecido una relación con los gatos desde hace más tiempo.

869

Flash es un perro rescatista chileno. En 2020, integró el equipo de socorristas de su país, que participó en la búsqueda de sobrevivientes en el Líbano, tras la terrible explosión que destruyó el puerto de Beirut.

870

Las galletas para gatos Harmless Hunt están hechas con células de ratón. Se las extraen a los roedores de una forma no invasiva y luego se mezclan con otros ingredientes.

871

La lluvia y la humedad pueden generar un olor fétido y fuerte en el pelaje del perro, si no se lo seca adecuadamente.

872

Según la Asociación Norteamericana de Médicos Felinos, a partir de los 11 años un gato se considera "senior" y, después de los 15 años, "geriátrico".

873

El extinto perro techichi es considerado el antepasado de los chihuahuas. Fue el animal de compañía favorito de los toltecas: la civilización precolombina que habitó en México entre los años 800 y 1200, por su carácter dócil y tranquilo.

874

Según investigaciones del Instituto Severtsov, de Rusia, cuando los ratones están expuestos, desde una edad temprana, a la orina de los gatos, se acostumbran a ese olor y ya de adultos muestran menos miedo e impulsos de huir cuando lo perciben. Esto beneficia a los gatos, que pueden estar cerca de los roedores para cazarlos.

875

El gato sagrado de Birmania es una de las razas gatunas más antiguas. Una leyenda, referida a su aspecto, cuenta que el sacerdote del templo que veneraba a la diosa Tsun-Kyan-Kse solía rezarle a la deidad junto a su gato, Sinh. Una noche, ladrones entraron al templo y lo mataron. Sinh se apoyó en su pecho, miró la estatua de la diosa y su cuerpo se volvió dorado, sus ojos azules y sus patas color café, a excepción de las manos, que quedaron blancas.

876

Atrapa el Ratón es un juguete interactivo para gatos. Los felinos deben atrapar el ratón de peluche que gira en el interior de un habitáculo. En la parte superior tiene, además, un rascador para mantener sus uñas limpias y saludables.

877

El perro llegó a México hace, aproximadamente, 8.000 años.

El galgo y el guepardo tienen patrones de carrera parecidos,
aunque el guepardo es más rápido, porque puede realizar
variaciones en sus zancadas mientras corre.

Los gatos no pueden procesar los vegetales, porque
su sistema digestivo no está adaptado para ello.
Sin embargo, algunos alimentos para felinos los incluyen,
aunque en un pequeño porcentaje.

Durante el México prehispánico, se practicaron
cruzas de lobos y perros de las que resultó una especie
híbrida a la que llamaron loberro. Estos animales
fueron considerados un símbolo de fuerza y poder
y utilizados con fines rituales.

Si, durante la crianza, la gata no le enseña a cazar
a su cachorro, ese gato difícilmente llegue a ser
un cazador efectivo.

Un perro le da la pata a su compañero humano
como muestra de cariño, para pedirle comida
o para manifestarle sus ganas de jugar.

En 2015, en Brasil, se realizó el Proyecto Canismo, en el que un grupo de perros de distintos refugios "pintó" obras de arte, con el fin de conseguir adoptantes y fondos para los albergues caninos. Los canes fueron rociados con pintura no tóxica de diferentes colores y, luego, se sacudieron frente a lienzos, ubicados estratégicamente, generando así sus creaciones.

Una de las diferencias del perro con el lobo es que el perro puede agregar en su grupo a especies distintas, como humanos o gatos.

En 1899, en Chicago, se fundó el Beresford Cat Club, una de las primeras entidades en organizar exposiciones de gatos en Estados Unidos. También fue la responsable del primer libro genealógico estadounidense de felinos y de registrar a Calif, Siam y Bangkok, los primeros gatos siameses de ese país.

Los perros que comen rápido tienen un 15 % más de riesgo de desarrollar inflamación en el estómago, lo que está directamente relacionado a la cantidad de aire que tragaron.

887

Luego de su reunión con Simón Bolívar, en la ciudad de
Guayaquil, el libertador argentino José de San Martín
regresó a su país con un perro al que llamó, justamente,
Guayaquil. El animal murió de viejo y, tras ser enterrado
en los jardines de la casa de Grand Bourg, Francia, en la
que el prócer pasó sus últimos años de vida, el propio San
Martín escribió en su lápida: *"Aquí duerme Guayaquil"*.

888

Se considera que todo perro o gato que tenga contacto
con otros perros o gatos en parques, plazas o lugares
abiertos está expuesto a infestarse de pulgas.

889

**Los gatos sufren laringitis cuando ingieren agua
o comida muy fría.**

890

El manx es una raza de gato doméstico, originaria
de Gran Bretaña, que tiene una mutación natural de
la columna vertebral. Es famosa por no tener cola.

891

En 2013, Rupee se convirtió en el primer perro en escalar
el Monte Everest. Aunque no llegó a la cima, ascendió
hasta un campamento ubicado a 5.364 metros de altura.

Bolt: un perro fuera de serie (2008) es una película animada que narra la historia de Bolt, una estrella canina de cine que cree que tiene superpoderes y que puede utilizarlos para derrotar el mal y regresar a su hogar. A lo largo del filme, descubre, con sus amigos, que no necesita ningún súperpoder para lograr lo que desea.

El escritor argentino Julio Cortázar tuvo dos gatos: Adorno y Flanelle. Al primero le dedicó el relato *La entrada en religión de Teodoro W. Adorno*, donde expuso su historia. En otro cuento, llamado *Orientación de los gatos*, narró la relación entre Alana y su gato Osiris y abordó temas como los celos, la curiosidad y el amor.

El 21 de julio se celebra el Día Mundial del Perro, efeméride creada en el año 2004. Otras fechas relacionadas con ellos son: el Día del Perro sin Raza (28 de mayo), el Día Internacional del Perro Callejero (27 de julio), el Día del Perro Adoptado (23 de septiembre) y el Día del Perro de Trabajo (6 de diciembre).

En la página www.rover.com hay un generador de nombres para perros, basado en su raza y sexo.

896

MeowTalk es una aplicación que graba los maullidos de un gato, los compara con nueve posibles significados que guarda en su base de datos, y trata de traducirlos. Su objetivo es saber qué le dice el felino a sus compañeros humanos.

897

Buski es considerado el perro más longevo de Hungría: vivió 27 años, entre 1990 y 2007. Científicos de ese país investigaron su ADN y determinaron que existían variantes genéticas que le alargaron la vida.

898

En Uruguay se encontraron restos de perros enterrados, intencionalmente, hace más de 2.000 años. La mayoría se hallaba junto a cuerpos humanos, en montículos conocidos como "cerritos", donde los nativos instalaron sus primeros asentamientos.

899

Los perros albinos suelen tener ojos de color celeste, gris o verde, todos con una tonalidad muy pálida.

900

Tras la llegada de un perro a su nuevo hogar, una de las señales con la que demuestra su adaptación al lugar es que comienza a ladrar.

901

En 1967 se le implantó el primer marcapasos a un perro. Era de raza Basenji, tenía 10 años y padecía insuficiencia cardíaca congestiva crónica. Gracias a la operación, el animal vivió cinco años más.

902

En 2022, usuarios de Instagram y TikTok empezaron a compartir videos de sus gatos "gordos", con un fondo musical que se popularizó en las redes. La letra decía: *"Tengo un gato gordo, no hay nada que ya lo llene. Está bien panzón. Ay, que ya no cene. Ese minino es mío y yo soy la que lo quiere"*.

903

Christopher Pachel, conductista veterinario, afirmó que al ponerle nombre a un perro es conveniente elegir aquellos con sonidos cortos, para que el animal responda rápidamente. A modo de ejemplo, reaccionará con más celeridad a "Maky", si se llama "Makeyla". Porque, cuando además se incluyen las letras "K" o "P", el can distingue mejor su nombre de otros sonidos.

904

Durante la pandemia de coronavirus, la Ciudad de Buenos Aires, en Argentina, organizó un voluntariado para quienes pudieran cuidar a las mascotas de personas hospitalizadas o en aislamiento, que no tenían con quién dejarlas a cargo.

905

Cuatro días antes de la celebración de Halloween,
en Estados Unidos y Gran Bretaña se festeja, cada
27 de octubre, el Día Nacional del Gato Negro. Su objetivo
es que la gente deje de lado las supersticiones
y adopte a estos animales.

906

En 2008, Mishka, una siberiana oriunda de Nueva Jersey,
Estados Unidos, fue bautizada como "La perra que habla".
Un video de YouTube, que tuvo más de 110 millones de
visitas, la mostró diciendo repetidamente *"I love you"*.

907

En caso de que un gato o perro sufra un golpe de calor,
hay que intentar que beba agua fresca, lenta pero
constantemente, y evitar que realice esfuerzos físicos.

908

**Los gatos pueden dejan de maullar
por enfermedades respiratorias o por depresión.**

909

La app *Tindog* ayuda a los amantes de los perros
a que puedan conocerse, hacer amigos o, incluso, formar
pareja. Dispone de un chat para que la gente comparta
fotos, se comunique y avise cuando saca a pasear
a sus canes, para concertar un encuentro.

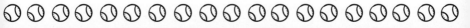

910

**Chile fue el primer país en toda Sudamérica
en contar con un café con gatos.**

911

El *cosplayer* japonés Toko-san quería convertirse
en un perro collie, por lo que desembolsó 17.000 dólares
y encargó un disfraz hiperrealista que recrea al can.
Luego subió a su cuenta de Twitter las primeras imágenes
disfrazado de perro, junto a la frase: *"¡Pude cumplir
mi sueño de convertirme en un animal!"*.

912

**Un *lolcat* es la combinación de la fotografía de un gato
con un texto humorístico.**

913

En 2019, una perra callejera escaló el Baruntse,
montaña de 7.162 metros del Himalaya, en Asia,
junto a una expedición liderada por Don Wargowsky,
un guía americano. Antes de llegar a la cima, la dejaron
en la tienda para no exponerla al frío, pero ella los siguió
e hizo cumbre. Al bajar, fue adoptada por Kaji, el jefe
de campamento, quien la nombró Baru, en honor
a la montaña. De vuelta en Estados Unidos,
Don comenzó a recaudar fondos para una ONG
que cuida perros callejeros en Nepal.

914

Cuando una persona de la familia les habla, los perros
inclinan la cabeza intencionalmente para indicarles
que les están prestando atención.

915

El gato Korat, originario de Tailandia, es conocido
como "el gato de la suerte". El registro del primer
ejemplar apareció en *El libro de poemas de gatos*, del
siglo XIV, aunque la raza ya habitaba ese territorio
en el año 1300 a.C.

916

**Snowball o Bola de nieve es el nombre, no de uno,
sino de los cinco gatos que ha tenido Lisa Simpson.**

917

Según un artículo publicado en la revista *Nature*,
algunos perros son capaces de recordar el nombre de sus
pertenencias y pueden aprender el de un juguete con solo
escucharlo cuatro veces.

918

Los perros de la raza Basset hound pueden llegar
a dormir hasta 20 horas. Otras razas muy dormilonas
son: el san bernardo, el gran danés y el carlino.

919

En 2022, la Sociedad Protectora de Animales de Tampa Bay, en Florida, Estados Unidos no tenía voluntarios suficientes para asistir a los cachorros que albergaba. Entonces, decidió ofrecer una pequeña suma de dinero para aquellos que quisieran abrazar a un gato o perro que estuviera recuperándose de una cirugía.

920

Uno de los felinos salvajes que más se parece al gato doméstico es el gato montés. Aunque es más grande y su cola es más gruesa, sus costumbres son similares: es solitario, muy territorial y cuida mucho su pelaje.

921

Una investigación de *Zigzag*, aplicación dedicada al entrenamiento de cachorros, reveló que en el Reino Unido el 27 % de los dueños abandonaría a su cachorro. Los comportamientos más criticados fueron: que orinan dentro de la casa y ladran, conductas normales en cachorros, que pueden reverse con adiestramiento.

922

La bandeja sanitaria de un gato debe estar ubicada en un lugar tranquilo, lejos de neveras y lavadoras.

923

Científicos de la Universidad de Massachussetts, Estados Unidos, descubrieron que los perros Border collie aprenden con mayor facilidad, por una cuestión genética. Esta particularidad es compartida con otros perros pastores.

924

Un perro de tres meses tiene aún los dientes de leche, así que sus juguetes deben ser de tela o de goma muy blanda.

925

El Campeonato Mundial de Surf Canino es un certamen que nació en las costas de California, Estados Unidos. Los canes ingresan al agua con sus dueños, que empujan las tablas y deciden dónde posicionarán a sus mascotas para que, luego, intenten dominar las olas.

926

La Dirección General de Estadística y Censos de Buenos Aires informó que, en 2021, la ciudad tenía alrededor de 430.000 perros y 250.000 gatos.

927

Junto con las vacunaciones, las licencias para perro son un requisito en todas las ciudades de Canadá.

928

La compañía Tractive lanzó un rastreador de gatos.
Se actualiza cada tres segundos y les informa a sus dueños,
en tiempo real, dónde está su mascota. Además, muestra
un mapa de calor, con las rutas que ha tomado y sus
lugares de reunión más comunes, e indica cuánto tiempo
ha permanecido en movimiento o durmiendo.

929

**No siempre los gatos se entretienen con los juguetes
diseñados para ellos.**

930

En junio de 2022, el perro Jolie cayó al mar desde el barco
en el que viajaba con su familia humana a Ibiza, isla del
Mar Mediterráneo. Debido a un fuerte temporal, no pudo
ser encontrado, pero dos días después fue rescatado por
un guardavidas de una playa española. Jolie nadó más
de 200 kilómetros hasta llegar a tierra firme.

931

En Japón, usualmente, los perros que viajan en tren deben
hacerlo en una jaula de transporte. Sin embargo, en 2022,
por primera vez, 21 canes pudieron sentarse en un coche
del tren bala. Por su parte, en Finlandia, los pasajeros
pueden ir con sus mascotas, en vagones reservados
y destinados específicamente para ellos.

932

Dogo es una aplicación para entrenar perros, que cuenta
con hasta 60 trucos y entrenamientos diferentes. Si los
hacen bien, emite un sonido de recompensa mediante un
dispositivo o *clicker*. Además, permite fijar metas
y registrar los progresos diarios.

933

Nehalennia, diosa germánica de la sanación
y la prosperidad, era habitualmente representada
en compañía de un perro, que al igual que ella
tenía carácter semidivino.

934

**Para los gatos, ejercitar los sentidos de la vista, el oído y
el olfato al aire libre es una actividad mental estimulante.**

935

En 2005, Snuppy fue el primer perro clonado.
El procedimiento estuvo a cargo del profesor Woo Suk
Hwang y su equipo de científicos de la Universidad
Nacional de Seúl, Corea del Sur, y fue una réplica
de un perro afgano.

936

Según una publicación aparecida en la revista
Scientific Reports, los perros están más estresados
de lo que probablemente creemos.

937

La llegada al hogar de un recién nacido humano no debe ser traumática para un perro. Por eso, ya desde el embarazo hay que ir preparándolo, para que no asocie el cambio brusco en su vida con el arribo del nuevo integrante de la familia. Una vez que ello ocurra, no habrá que relegarlo, para evitar situaciones de celos.

938

Mientras que, para los humanos, el contacto visual es una señal amistosa, para un gato puede resultar una amenaza.

939

Cada año, millones de gatos y perros son sometidos a la eutanasia o viven en las calles. Estos números son el resultado de crías no planificadas, que pudieron evitarse con la esterilización o castración.

940

FluentPet Connect es un sistema de comunicación entre humanos y perros, que consiste en una serie botones para que sus canes los pulsen. La app registra cuando el animal presiona un botón y permite que sus dueños reciban el mensaje en tiempo real. Se requiere de paciencia para que el perro asocie el botón con la acción, pero, cuando lo logra, puede señalar si desea comer o jugar.

941

Los gatos, al igual que los perros, perciben el campo magnético de la Tierra como si tuvieran una brújula. Esto los ayuda a orientarse y a desarrollar su reloj biológico interno.

942

Aunque esté durmiendo, el gato siempre se mantiene alerta ante posibles amenazas, por lo que es capaz de adoptar de inmediato una posición de defensa. Lo hace estirándose y así, recupera rápidamente el control de su cuerpo.

943

Con el fin de concientizar a las personas sobre el maltrato animal e incentivarlas para que adopten animales callejeros, en 2016, el Abierto de Tenis de Brasil utilizó perros como alcanzapelotas.

944

Usar un juguete con luz láser, para que el gato la persiga, lo ayuda a estar en forma.

945

Jugar a las escondidas con un perro potencia, a través del olfato, su habilidad como sabueso y lo ayuda a reconocer órdenes sencillas, como *"busca"*.

946

Ouka, una perra de raza Samoyedo, voló en parapente
junto a Shams, su dueño, en los Alpes franceses. Viajó
entre las piernas de su dueño, con un arnés diseñado
especialmente para ella.

947

Naki'o fue el primer perro "biónico" del mundo.
Lo hallaron abandonado en un charco helado, en Nebraska,
Estados Unidos. Había perdido sus patas, por lo que,
la veterinaria Christie Pace, que lo adoptó, recaudó fondos
para conseguirle cuatro prótesis biónicas.

948

El gato trata de tapar o camuflar el olor de sus heces,
para no delatar su presencia ante posibles depredadores.

949

La castración puede producir un cambio en el metabolismo
del perro, pero con ejercicio y un ajuste en su
alimentación se puede evitar que suba de peso.

950

El gato, a medida que crece, se vuelve intolerante
a la lactosa. Va perdiendo la capacidad de digerir
el azúcar que contiene la leche.

En 2016, el artista e inventor británico Dominic Wilcox
creó una muestra de arte interactivo para perros.
Cada pieza gravitaba en las actividades que los atraen,
como oler zapatos o perseguir pelotas.

En 2010, el estadounidense Bill Irwin se convirtió
en la primera persona ciega en cruzar el sendero de
los Apalaches, de 3.400 kilómetros de largo. Cumplió
dicha hazaña acompañado de Orient, su perro guía.

El inicio del celo en una gata se hace muy evidente
porque maúlla mucho más fuerte y con continuidad.
Por lo general, este período aparece a sus 6 meses de vida
y se repite cada 5 o 6 semanas. En el macho, comienza
entre los 8 y los 12 meses de vida, pero puede entrar
en celo cuando la gata también lo hace.

Cuando un perro abandonado vuelve a ser adoptado,
suele tardar algún tiempo en confiar por completo
en su nueva familia.

Se calcula que en Islandia hay más de 40.000 gatos
y perros para casi los 370.000 habitantes de la isla.

956

En 2021 la Federación Cinológica Internacional,
entidad canina a nivel mundial, estimó que existían
343 razas de perros.

957

A principios de 2022, los videos de gatos
en Instagram, TikTok y YouTube acumulaban
más de 25.000 millones de visitas.

958

No es aconsejable abrigar de manera excesiva
a los perros, porque ellos tienen la capacidad natural
de adaptarse a las temperaturas frías.

959

Científicos del Departamento de Psicología del Burnard
College, en Estados Unidos, hicieron que 36 perros
olfatearan un objeto con su propio olor y, un segundo
elemento, con su olor y otro adicional. El resultado reveló
que todos los canes sin excepción, se detuvieron más
tiempo a olfatear el objeto con el olor adicional.

960

**Los gatos siameses nacen con el pelaje casi blanco;
se les va oscureciendo con el correr de los días.**

En general, los perros pueden saltar entre una y tres veces su altura.

El *Trile* es un juego que consiste en esconder comida debajo de un cubilete, que se coloca junto a otros dos cubiletes vacíos. El perro, mediante su olfato y capacidad de observación, debe averiguar en cuál de los tres se encuentra el premio.

Hunter, un perro "pintor" de raza Shiba inu, aprendió a sujetar un pincel con pintura con el hocico y a hacer trazos sobre un papel. Su talento se viralizó en Instagram y, por la venta de sus obras de arte llegó a recaudar 15.000 dólares.

Al contrario de lo que ocurrió en Europa Occidental, a los gatos, en Bulgaria, nunca se los asoció con el diablo ni con las brujas, ni fueron perseguidos. Por el contrario, protagonizaron muchos cuentos donde demostraban ser más listos que los humanos.

El 66 % de los argentinos tiene perros y el 32 %, tiene gatos.

966

En 2014, Major, el perro de asistencia de Terry McGlade, un veterano de guerra estadounidense con trastorno de estrés postraumático, llamó al 911 cuando el hombre sufrió una convulsión. Así consiguió que fuera trasladado a un hospital.

967

Mientras Alexander Alekhine fue campeón mundial de ajedrez, entre 1927 y 1946, viajó por todo el mundo en compañía de sus gatos, uno de los cuales se llamaba Chess (Ajedrez, en inglés).

968

La mayoría de los humanos es capaz de distinguir el olor de su propio perro.

969

El Real Colegio Veterinario del Reino Unido realizó una muestra al azar con 30.563 perros de 18 razas y cruzas diferentes que murieron entre el 1 de enero de 2016 y el 31 de julio de 2020. El estudio reveló que, en esa nación, los perros tenían una esperanza de vida promedio de 11,2 años.

970

Melanie Greenberg, doctora en Psicología, afirmó que *"pasar tiempo con tu gato libera oxitocinas en el cerebro, que te hacen sentir menos estresado"*.

971

En 2021, se realizó la exposición virtual *Gatos en la historia del arte*, muestra que reunió 75 obras, desde el Antiguo Egipto hasta el arte contemporáneo. Las piezas fueron ubicadas en los salones de una ficticia mansión neoclásica, agregada digitalmente.

972

El perro no sabe distinguir, entre los objetos de su casa, qué puede usar o no para jugar.

973

Henrietta, la gata de Christopher S. Wren, corresponsal del *New York Times*, recorrió el mundo con su dueño y vivió un sinfín de aventuras; desde trabar amistad con el Premio Nobel ruso de física, Andrei Sajarov, hasta perderse por semanas en Egipto. Sus historias quedaron plasmadas en el libro que escribió el propio Wren: *La gata que cubrió el mundo*.

974

En Richmond, Estados Unidos, Chako, un perro Pitbull, al ver que su dueña era atacada con un cuchillo por su pareja se interpuso entre ambos para salvarla. Recibió 12 puñaladas de parte del agresor, pero sobrevivió y su atacante fue preso.

975

En 1957, Taro, Jiro y otros 13 perros integraron
la primera expedición japonesa a la Antártida.
Por las durísimas condiciones climáticas, los humanos
debieron ser rescatados y, los perros, abandonados.
La expedición retornó 11 meses después, y encontró
a Taro y Jiro vivos. Habían aprendido a cazar pingüinos,
respetando los cuerpos de sus compañeros muertos.
Se convirtieron en héroes nacionales.

976

Ver videos e imágenes de gatos está relacionado
con el uso de los medios contemporáneos para mejorar
la salud mental de las personas.

977

Los gatos no esconden comida para cuando les falte.
En cambio, los perros comen hasta estallar, por si
mañana no tienen alimento.

978

Aproximadamente 350 perros de búsqueda y
rescate trabajaron en los alrededores del World Trade
Center, luego de los ataques del 11 de septiembre de 2001.

979

*"Me importan muy poco las ideas religiosas de alguien cuyos
perro y gato no son lo mejor para él".* **(Abraham Lincoln)**

980

En 2001, la perra Heidi descendió por un pendiente de 150 metros, en Escocia, para llegar hasta su dueño, que había sufrido una caída fatal mientras caminaba. Permaneció junto al cuerpo del hombre durante dos días.

981

En 2015, el gato Bart, tras haber sido atropellado por un auto, en Tampa, Florida, fue dado por muerto y enterrado por su dueño. Pero cinco días después, salió de su tumba y fue hallado en el patio de un vecino. Se lo rebautizó como el "gato zombi".

982

Un gato puede tener entre 900 y 1.500 pelos por centímetro cuadrado en su cuerpo.

983

Colita fue un chihuahua parapléjico que se hizo famoso por ser el tema de dos libros infantiles, que fueron éxito en ventas. En sus frecuentes apariciones públicas, fomentó la aceptación entre personas con y sin discapacidades físicas.

984

En España, 9 de cada 10 personas asegura ver televisión junto a su perro o su gato.

985

La gata Lil BUB sufre enanismo, tiene 22 dedos
y una anomalía en la mandíbula que hace que siempre
tenga la lengua afuera. Su dueño, Mike Bridavsky,
decidió abrirle una página en Internet; su historia y
apariencia despertaron el afecto de los cibernautas, que la
convirtieron en uno de los felinos más populares de la red.

986

**Los perros son los únicos animales que pueden comunicarse
con los humanos a través de una simple mirada.**

987

La aplicación *Dog Scanner* detecta automáticamente
la raza de un perro con solo cargarle un video corto
o una fotografía del animal.

988

iKuddle Auto-pack es un arenero totalmente autónomo
que separa los desechos del gato, sella la bolsa con esos
residuos y la reemplaza por una nueva, a la vez
que desodoriza la cabina.

989

**El olfato de un perro Bloodhound es tan preciso
que puede servir de evidencia en un juicio.**

990

En la mitología sumeria, Gula era la diosa
de la sanación. Su animal simbólico era el perro sagrado;
se lo representaba a su lado y actuaba como mensajero
para invocar la curación.

991

El gato siamés, en las zonas más oscuras del cuerpo,
tiene una temperatura más baja que en las áreas claras.

992

Una encuesta de la revista *Scientific Reports*, realizada a
los dueños de 13.700 perros, reveló que más del 72 % de esos
canes presentaba comportamientos de miedo o de agresión.

993

Freddy Mercury, el extinto cantante de la banda inglesa
Queen, amaba tanto a sus nueve gatos que, cada vez que
salía de gira, los llamaba por teléfono.

994

Cuantos más contactos positivos mantenga un perro con
otros de su especie durante los primeros meses de su vida,
más habilidades sociales adquirirá y mejor se vinculará
con sus congéneres cuando sea adulto.

995

El gato no debe ingerir alimento balanceado para perros.

996

Más de la mitad de las personas que tienen un perro
o gato les cuentan secretos de su vida que
no compartirían jamás con otro humano.

997

**Un estudio de la Universidad de California, en San Diego,
descubrió que los perros muestran formas básicas de celos.**

998

El dibujante estadounidense Jim Davis se inspiró
en los animales de la granja donde se crio para crear
a su personaje más famoso, el gato Gardfield, nombre que
le puso en honor a su abuelo James Gardfield Davis.

999

Justo después de la Edad del Hielo y, antes de que cualquier
otro animal fuera domesticado, ya existían al menos cinco
variedades de perros de distinto origen genético en Europa,
Oriente Próximo y Siberia, hace unos 11.000 años.

1000

La mayoría de los gatos no reaccionan al verse
en un espejo, porque su imagen no tiene olor,
algo esencial para que respondan ante otro ser vivo.

ANÍBAL LITVIN

Nació en Buenos Aires, Argentina. Es periodista, guionista, productor y humorista. Ha participado en grandes éxitos del mundo del espectáculo y el entretenimiento en su país natal. Entre más de 16 títulos, escribió: *1.000 cosas inútiles que un chico debería saber antes de ser grande*, *1.000 datos insólitos que un chico debería conocer para saber que en el mundo están todos locos*, *Casi 1.000 disparates de todos los tiempos*, *Casi 1.000 datos asquerosos para saber que este mundo es inmundo*, *Micky Ondas: un goleador de otro planeta*, *1.000 nuevos datos locos del fútbol mundial*, todos publicados por V&R Editoras.

¡Tu opinión es importante!

Escríbenos un e-mail a
miopinion@vreditoras.com
con el título de este libro en el "Asunto".

Conócenos mejor en:
www.vreditoras.com
 VREditorasMexico
 VREditoras